银龄时代——中国老龄社会研究系列丛书

杜 鹏 主编

居住环境对城市老年人生活满意度的影响研究

以北京为例

曲嘉瑶 / 著

中国人口出版社
China Population Publishing House
全国百佳出版单位

图书在版编目(CIP)数据

居住环境对城市老年人生活满意度的影响研究：以北京为例／曲嘉瑶著. -- 北京：中国人口出版社，2019.12

（银龄时代：中国老龄社会研究系列丛书／杜鹏主编）

国家出版基金项目

ISBN 978-7-5101-7016-4

Ⅰ. ①居… Ⅱ. ①曲… Ⅲ. ①老年人-居住环境-研究-北京 Ⅳ. ①D669.6②X21

中国版本图书馆 CIP 数据核字(2019)第 289455 号

居住环境对城市老年人生活满意度的影响研究——以北京为例

JUZHU HUANJING DUI CHENGSHI LAONIANREN SHENGHUO MANYIDU DE YINGXIANG YANJIU——YI BEIJING WEILI

曲嘉瑶 著

责任编辑	何　军　魏　娜
装帧设计	刘海刚
责任印制	林　鑫　单爱军
出版发行	中国人口出版社
印　　刷	北京柏力行彩印有限公司
开　　本	787 毫米×1092 毫米　1/16
印　　张	13.75
字　　数	210 千字
版　　次	2019 年 12 月第 1 版
印　　次	2021 年 1 月第 2 次印刷
书　　号	ISBN 978-7-5101-7016-4
定　　价	68.00 元

网　　址	www.rkcbs.com.cn
电子信箱	rkcbs@126.com
总编室电话	(010)83519392
发行部电话	(010)83510481
传　　真	(010)83538190
地　　址	北京市西城区广安门南街 80 号中加大厦
邮政编码	100054

目　录

第1章

绪 论

1.1 研究背景

1.1.1 居住环境为居家养老提供基础性保障

居住环境关系到健康老龄化的实现。2015年，世界卫生组织在《关于老龄化与健康的全球报告》中强调，包括居住环境在内的老年友好环境对于个体功能的发挥作用巨大，是老年人能否完成自己认为重要事情的最终决定因素（世界卫生组织，2015）。老年友好环境已经成为完善健康老龄化政策体系的三大支柱之一，环境因素的加入是世界卫生组织对健康老龄化理念创新的亮点（杜鹏等，2015）。

居住环境与老年人的日常生活密切相关，良好的居住环境是保障老年人居家养老的重要条件。第二届世界老龄大会通过的《2002年马德里老龄问题国际行动计划》提出，将“确保老年人从有利和支持性的环境中受益”纳入三个优先行动方向，并强调了在地养老（Aging in Place）的重要性。实际上,世界上不论哪个国家,老年人在地养老的理想目标都是一致的,即"在普通的街道中过普通的生活,在已经熟悉的住宅和街道中持续居住下去"(早川和男,2005)。城市居住环境与老年人的生活状态以及生活满意度之间密切相关(张景秋等,2015),住房质量与周围环境对提高老年人的生活质量至关重要(陶立群,2004)。居住环境满足老年人需要的水平,会影响其身心健康(于一凡等,2015;张卫东,2002)以及社区参与程度(谢立黎,2017),居住环境逐渐成为老年人养老需求的重要部分(易成栋等,2016)。

1.1.2 迅速发展的人口老龄化形势与居住环境不宜居之间形成矛盾

长期以来,我国社会运行和发展的基础是年轻型社会,城乡社会建设对老年人的特殊需求考虑不够,甚至完全忽略(党俊武等,2016),导致不适老、不宜居的问题凸显。2015 年"第四次中国城乡老年人生活状况抽样调查"结果显示,我国城市老年人中,有 34.9% 住在 20 世纪 90 年代之前建成的老旧住房里, 56.5% 认为住房存在不适老的问题;仅有一半(50.7%)老年人对自己的住房条件感到满意,与 2006 年"中国城乡老年人口状况追踪调查"结果相比,九年间城市老年人的住房满意率仅上升了 0.7%;有 84.8% 的老年人居住在楼房中,但其中有电梯的比例仅为 8.0%,楼房无障碍设施不完善。2010 年"中国城乡老年人口状况追踪调查"结果表明,超过六成的城市老年人认为社区设施不齐全(64.9%)、社区服务不完善(60.1%),四成以上的老年人(44.7%)认为社区活动不便捷。

住房环境、社区环境中不适老的问题越来越突出,现有的居住环境难以适应全体公民老年期的需要,成为实现健康老龄化和积极应对人口老龄化的制约因素。环境乃百年大计,推进老年宜居环境是一项战略性的事业,在我国刚刚进入老龄化社会的初期,推进老年宜居环境建设,加强老年宜居环境研究,尤为必要,尤为紧迫(吴玉韶,2014)。

1.1.3 “老年友好型城市”理念推动了我国老年宜居环境政策的发展

老年宜居环境概念源于世界卫生组织提出的“老年友好型城市”理念。2007年世界卫生组织发布了《全球老年友好城市建设指南》,该文件既是重要的理念倡导,也是可操作化的政策建议框架。受该理念的号召,全国老龄工作委员会办公室(以下简称老龄办)结合我国的国情,提出了“老年宜居环境”概念。从2009年开始在全国开展“老年友好型城市”“老年宜居社区”的建设试点工作,截至目前,已在6个省的13个城市开展试点活动。在此基础上,2012年,新修订的《中华人民共和国老年人权益保障法》首次从法律层面确立了“老年宜居”这一理念,并将其作为积极应对人口老龄化的重要策略,为老年宜居环境建设提供了重要的法律保障。

我国政府不断完善老年宜居环境建设相关政策。2016年,全国老龄办、发展改革委等25个部委共同发布了《关于推进老年宜居环境建设的指导意见》,这是第一个关于老年宜居环境建设的指导性文件,从多个方面推进了老年宜居环境建设工作,意义重大。此外,多个政府文件中均明确要求加强老年宜居环境建设。2016年,国务院办公厅印发了《关于全面放开养老服务市场提升养老服务质量的若干意见》,提出要加强老年宜居环境建设,做好无障碍和适老化改造工作;2017年,国务院印发的《“十三五”国家老龄事业发展和养老体系建设规划》中设专章,要求扎实推进老年宜居环境建设;同年,国务院办公厅印发的《关于制定和实施老年人照顾服务项目的意见》,将推进老年宜居社区、老年友好城市建设列为重点任务。

1.1.4 北京市多措并举改善老年人的居住环境

作为首善之区,北京市政府近年来出台了一系列政策和措施,切实提

升了居住环境质量,增进了首都人民的福祉。

硬件环境方面,着力改造并优化了市民的居住环境。2012 年,北京市政府印发了《北京市老旧小区综合整治工作实施意见》,开始逐步解决 1990 年及以前建成的老旧小区及单栋住宅楼中的突出问题。整治内容主要包括:房屋建筑本体部分,节能改造,对水、电等老化设施设备进行改造,对部分楼房增设电梯,对不达标的老旧房屋进行结构抗震加固改造等;小区公共环境部分,改造线路、管网和设备,无障碍设施改造,消防设施改造,绿化、道路、照明设施改造,有选择地补建机动车和非机动车停车位,建设休闲娱乐设施,完善安防系统,补建警卫室等。据统计,"十二五"时期,北京市共完成建筑面积 6 562 万平方米老旧小区综合整治,涉及小区 1 678 个,楼栋 1.37 万栋,惠及居民 81.9 万户。"十三五"期间,北京市将继续扩大老旧小区整治范围和整治内容。

软件环境方面,逐步构建具有首都特色的居家养老服务体系。2009 年,北京市发布了《关于北京市市民居家养老(助残)服务("九养")办法的通知》,标志着北京市全面启动居家养老服务工作。2015 年,北京市人民代表大会通过并颁布了《北京市居家养老服务条例》,明确为居家老年人提供八类社会化的养老服务,包括助餐服务、医疗卫生服务、家庭护理服务、紧急救援服务、日间照料、家政服务、精神慰藉、文化娱乐与体育活动等。为了解决养老服务中的重点和难点问题,提高养老服务的供给效率和质量,2016 年北京市又出台了《支持居家养老服务发展十条政策》,着力解决养、保、住、用、餐、医、药、救、补、享十个问题,其中,住和救涵盖了对部分困难老年人家庭实施适老化改造和加装无障碍设施的举措。在此过程中,北京市向老年人发放北京通—养老助残卡(养老助残券),并开通"96156"小帮手养老助残服务平台,让老年人更便利地享受各项社会福利。

虽然北京市在老旧小区适老化改造和居家养老服务方面取得了较大进展,但是仍存在政策目标定位不够清晰、部分措施的实施效果差强人意等问题,制约着政府财政的投入效率。例如,养老助残卡的发放构建了一个很好的提供老年社会福利的平台,但是由于某些服务内容脱离了老年人的实际需求,导致老年人对社会养老服务的使用率较低,总体上看对老年人的福利改进效果有限(关博,2011)。现阶段,面对数量巨大的老旧小区,如何利用有限的资源为广大居家养老老年人提供其最需要的服务及设施,是老龄工作的当务之急。

1.1.5 主观评价研究的空缺阻碍了老年宜居社区建设进程

老年宜居环境建设是一项关于现在与未来,具有战略意义的事业,这就要求在制定城乡规划时要提高规划的科学性、前瞻性和适老性(吴玉韶,2017)。加强政策和规划的适老性,最根本的是要摸清老年人对居住环境各要素的具体需求,将满足老年人需求作为老年宜居社区建设工作的出发点和落脚点,着力解决老年人最关心、最直接、最现实的利益问题。居家养老的老年人是居住环境的主要使用者,衡量居住环境适老化水平的高低,应以老年人的满意度作为核心评估指标。但现有的评估工具多采用客观的指标,对老年人主观评价研究的重视程度严重不足。因此,迫切需要加强主观评价研究,以充分了解老年人对居住环境的需求,从而更加科学地指导老年宜居社区建设。

那么,从老年人的需求来看,现有居住环境中存在哪些不适老的问题?这些问题是否会进一步影响到老年人的生活质量?如果是,又是如何影响的?究竟各方主体应该如何回应不同居住条件以及个体特征老年群体的需求,分层分类地改善老年人的居住环境?针对以上问题,目前尚缺乏系统的研究。基于此,本书将在借鉴已有研究成果的基础上,以北京市为例,从老年人对居住环境的需求及评价的角度出发,分析影响老年人生活满意度的环境因素和影响机制,并提出针对性的建议,以期回应北京市已有的政策和措施,推动老年宜居社区建设,提升广大老年人的居住福利。

1.2 研究意义

在快速人口老龄化的背景下开展老年人居住环境研究,指导老年宜居社区建设,最大限度地保障老年人能长时间地生活在家庭和社区(吴玉韶,2014),有助于实现健康老龄化和积极老龄化,是积极应对人口老龄化战略的应有之义。

1.2.1 理论意义

结合我国城市的住房制度和社会文化背景,尝试提出了城市居住环境对老年人生活满意度的影响因素分析框架,拓展了老年人生活质量的研究视域。通过在北京市开展问卷调查,结合两个城市定性访谈资料,构建了居家养老模式下城市居住环境对老年人生活满意度的影响模型,深入研究影响老年人生活满意度的环境因素和影响机制,充实了老年人生活质量领域的研究成果。

研究工具上,编制了本土化的老年人居住环境评价量表,为居住环境主观研究提供了科学的工具。目前,国内缺乏一套能够全面测量老年人对居住环境各个方面现状的评估工具,无法获得评价的维度并进行比较研究。本研究以已有量表为基础,充分考虑城市老年人需求的特点,形成比较完整的老年人居住环境评价量表,量表已通过信度和效度检验,是科学有效的。老年人居住环境评价量表为开展主观性研究和老年宜居社区评估提供了科学的研究工具。

推动人与环境匹配理论在我国老年学研究中的应用,深化了老年人与居住环境交互关系的研究。目前关于居住环境的研究多基于宏观层面或中观层面,而对微观层面的分析非常少,造成了对老年人与居住环境交互关系的理论研究在一定程度上的空缺。本书通过实证研究检验了人与环境匹配理论模型在我国城市老年人生活质量研究领域的适用性,并借助该理论分析了居住环境对老年人生活满意度的影响机制,推进了该理论在我国老年学研究中的应用。

丰富了老年人社会分层与社会不平等领域的研究。住房作为老年人家庭的主要财产形式,是社会分层的重要指标。本研究利用住房性质将老年人划分为五类住房地位群体,验证了城市老年群体中存在居住环境资源占有的不平等现象,这是老年人社会经济地位不平等的一种外显形式,已经影响到老年人的生活满意度。为此,应制定更精准的社会福利政策来缩小这种不平等。本书的发现丰富了社会分层领域的研究。

1.2.2 现实意义

个体层面,有利于改善老年人的居住福利,提升生活质量。老年群体是社会的重要组成部分,是国家和社会的宝贵财富,应该得到全社会的关心与爱护。通过以老年人的评价为中心的老年宜居社区建设,全方位地满足老年人对居住环境的需求,能够使老年人享受到安全、舒适、便捷的居住环境,提升老年人的满意度和获得感,变“养老”为“享老”,切实提高其生活质量。

社区层面,有助于充分了解老年群体的需求,以此推动老年宜居社区建设。本研究采用自下而上的视角,立足老年人对居住环境各维度的需求特点,通过居住环境对老年人生活满意度的影响研究,准确找出当前居住环境中的“短板”,形成有针对性的建议,能够切实推动老年宜居社区的建设。

国家层面,有助于完善居住福利政策,并促进老龄产业发展。一方面,本研究立足需求侧一端,与我国的社会养老服务体系“供给侧”改革相呼应,为政府制定居住福利相关政策提供实证依据;另一方面,北京市等地的实践表明,老旧小区改造显著推动了改造及装修相关产业的发展(梁传志等,2016)。适老化改造对发展老龄产业大有裨益,是我国经济发展新的增长点。希望本研究能引导政府、市场、社会、家庭等主体对居住环境适老化改造的关注,在此基础上撬动适老化改造市场,促进老龄产业发展。

1.3 核心概念界定

1.3.1 居住环境

世界卫生组织(WHO)将环境定义为"构成个体生存背景的全部外界要素,包括家庭、社区和更广阔的社会;包括建筑环境、个体及人际关系、人们的态度和价值观、健康及社会政策、系统和服务"(WHO,2015)。可见,环境是一个综合性的概念,既包括住房,又应该延伸至社会环境。居住环境,顾名思义就是与居住行为紧密相关的环境。从地理范畴来看,居住环境不仅仅局限于住房环境,还应该扩展住房外部的环境(陈炳志,2005;Rioux、Werner,2011;Kart、Kinney,2001)。社区①在居家养老服务体系中发挥着特殊的作用。所以老年人的居住环境应包括住房环境及社区环境(Phillips 等,2004;易成栋等,2016)。

从环境的属性来看,居住环境中有的是人为制造的,有的则是自然生成的(王祖山等,2016),居住环境既包括社会环境,又包括自然环境(刘杰,2013)。但更多的学者认为居住环境不包括自然环境,专指社会环境(易成栋等,2016;刘倩,2007)。国外学者哈维认为,居住环境不仅仅是住房外部生活区域的总和,它还是人们日常行为、生活、居住活动所整合而成的社会—空间系统(Social - Spatial System),是社会环境和空间环境之间的辩证统一(姚时章等,2000)。可见,完整的老年人居住环境,应该包括硬件环境

---

① 社区是指聚居在居民委员会辖区范围内的人们所组成的社会生活共同体。该定义是笔者依据民政部《关于在全国推进城市社区建设的意见》总结而来。

和软件环境。其中，硬件环境又称物理环境，指住房建筑本身及内外配套和服务设施（陆伟等，1999）；软件环境指社区内外的养老服务（易成栋等，2016）、家庭关系与邻里交往（Bond，1993；Golant，1984）以及人口素质等（刘倩，2007）。

基于已有文献，本研究将居住环境圈层放在住房、楼宇、小区及社区层次，并将居住环境定义为个体居住、生活和参与的社会环境，包括住房、楼宇、小区及社区环境。本文的居住环境专指社会环境，不包括自然环境。老年人的居住环境由硬件环境和软件环境两大部分构成，其中，硬件环境包括住房及内部设施、楼宇设施、社区公共设施及老龄服务设施等，软件环境包括社区管理、社区服务以及社会支持等。

1.3.2 生活满意度

关于老年人生活质量的研究由来已久，大多数学者认为，生活质量既包括主观感受也包括客观评价，两者缺一不可，近年来，越来越多的研究认为主观感受应占更高权重（曾毅等，2002）。在主观指标中，生活满意度和幸福感在老年人生活质量研究领域被运用得最广泛。二者都是反映老年人生活质量主观领域的指标，代表老年人对生活的全面评价（孙鹃娟，2007）。

生活满意度是衡量个体生活质量的重要指标之一，能够反映个体的主观生活质量水平（汪向东，1993）。虽然生活满意度和主观幸福感都是测量生活质量的核心指标（姚远，2005），但是二者存在一定的区别。生活满意度是从态度的认知层次进行研究，反映了老年人对社会生活的总结，或各个不同方面的满意程度；幸福感则主要从态度的情感层次上进行探讨，反映了老年人对社会生活的幸福感受，往往是一瞬间的情绪（Cambell，1976）。相比之下，生活满意度对环境等具体的生活领域更加敏感（Kozma等，1991），能准确反映个体对生活质量的认知和感受（李德明等，2006）。

因此，本书利用生活满意度指标作为测量老年人生活质量的指标，并将生活满意度定义为个体对其整体生活状况的主观感受。

1.3.3 住房地位群体

在社会分层的社会里，按照经济、权利等资源的类型和占有水平划分，个体便具有不同的社会地位（李强，2006）。社会地位是指个体或群体在社会结构中的特定位置，地位群体则是处在社会结构中特定位置上的一群人（李强，2009）。

我国城市的住房分配体制经历了市场化改革后，住房或者房产已经成为居民的重要财产，并已经成为衡量城市居民社会地位的重要符号。当今社会在物化价值观的作用下，住房已经成为体现居民经济能力和社会地位差异的明显标志（梁宏，2010；孙静琴，2009）。个体所占有或居住的住房因素（如所有权、性质、价格、地理位置等）不同，就会形成差异化的住房地位。有学者依据这种差异化的住房地位将居民加以分层，提出了住房地位群体的概念——因受到居民所占有或居住的住房影响而处于相似社会位置上的一群人（李强，2009）。我国城市的住房地位群体阶层分化逐渐凸显，住房的社会分层趋势已经向农村蔓延（汪志娟，2013）。在我国老龄化加速、住房日趋分化的背景下，研究老年住房地位群体对于深化社会分层相关的研究具有重要意义。

老年人的住房条件与其生活满意度密切相关（周俊山等，2013），是居住环境中的核心要素。而住房的性质（商品房、保障房等）能够准确反映住房的获得途径，进而体现老年人的社会地位。因此，本研究将老年人现住房屋的性质作为区分其住房地位的指标，在已有研究的基础上，提出本文对住房地位群体的界定：因居住在相同性质的住房中而处于相似社会地位的群体。

1.3.4 居住福利

如果将人生比喻成一座桥梁,那么居住环境就是桥墩,上部是各种社会福利,如医疗保障、养老保障等,人们在桥上就业、生儿育女,直到变老,度过一生。如果居住环境这个基础崩溃了,由它所支撑的社会福利也不可能安定,居住福利是贯穿人们一辈子福利的基础(早川和男,2005)。

学者们从客观居住条件和主观感受两个角度定义居住福利。居住福利既包括居住所需要的基本生存条件和基本公共资源,又涉及与居住活动相关的经济因素、安全因素、文化因素和心理因素(王祖山等,2012)。居住福利不仅包括居住的内、外部环境,更重要的是居民在居住环境内感到舒适和幸福(卓苑龙,2015)。有学者基于阿玛蒂亚·森的可行能力理论,将居住福利定义为居住物质条件和居住心理感受两个方面(陈莹等,2015)。还有的研究直接将居住福利定义为心理因素,即在住宅或者居住环境中通过安定、充足的生活而切实地感受到幸福(刘杰,2013)。

鉴于此,本研究将居住福利定义为居住环境中的建筑、设施、服务与社会支持等要素完备,能够满足居民的需要,从而获得安定生活与良好的心理体验。简言之,居住福利包括良好的居住条件与较高的生活满意度水平两个方面。

1.4 框架结构

本书共由八章内容组成,具体撰写框架如下。

第1章绪论,主要介绍研究背景和研究意义,并对核心概念进行界定。

第2章文献与理论分析,围绕居住环境对老年人生活满意度的影响,回顾了相关影响因素和影响路径;阐释了人居环境论、人与环境匹配理论及社会分层理论对本研究的启示;对已有研究进行评述,描述研究的不足,

确定本研究的立足点。

第 3 章研究设计，在前一章的基础上，设立了城市居住环境对老年人生活满意度影响的理论框架，提出了全文的研究问题与研究假设；明确了研究方法和使用的资料及数据；介绍了“北京市老年人居住环境调查”的调查方法；描述了北京市调查样本的基本特征。

第 4 章北京市老年人的居住环境，关注居住环境的客观状况，描述了北京市老年人居住环境的现状及问题，分析了住房地位群体的形成，并考察了不同住房地位群体间居住条件的差异。

第 5 章老年人居住环境评价量表的构建，关注老年人对居住环境的主观评价。基于已有的居住环境评价量表，结合实地访谈资料，编制并检验了本土化的城市老年人居住环境评价量表；利用因子分析法探寻感知评价维度；分析不同个体特征及居住条件的老年人在各维度环境评价上的差异。

第 6 章居住环境对老年人生活满意度的影响研究，分析了北京市老年人生活满意度的现状，构建了多元线性回归模型来检验此研究假设，考察客观居住环境特征、老年人对居住环境的感知评价两方面因素对老年人生活满意度的影响；检验住房性质在居住环境对老年人生活满意度的影响中是否发挥调节作用；最后，结合相关理论及访谈资料，阐释了居住环境对老年人生活满意度的影响机制。

第 7 章结论与建议，总结了主要结论，基于老年人的需求特点，结合北京市相关政策和措施，有针对性地提出改善老年人居住环境的具体建议。

第 8 章创新点、研究局限和未来研究展望，提出本研究的主要创新点，并讨论了研究局限和未来研究的方向，为后续研究提供借鉴。

第2章

文献与理论分析

2.1 文献研究

2.1.1 老年人生活满意度的影响因素

2.1.1.1 个体及家庭特征的影响

研究发现,老年人的个体特征不同,生活满意度会存在差异。相关因素包括:社会人口学因素、健康状况、经济状况以及居住时长等。社会人口学特征方面,年龄对老年人的生活满意度具有显著影响,但既有研究中关于影响的方向存在分歧,有学者认为老年人的年龄越大,生活满意度越差(毛富强等,2000),更多的研究则认为,城市居民的年龄越大,生活满意度越高(訾非等,2012)。老年人的年龄越大就越倾向于报告积极的生活满意度评价(Zhou、Qian,2008)。对于城市老年人而言,年龄与老年人的离退休年限密切相关,而退休时间与主观幸福感正相关(姚春生等,1995)。有研究认为,年龄的成熟效应、同期群效应等会对生活满意度评价具有积极的影响，所以年龄的增长会提升老年人的生活满意度水平（骆为祥等，2011）。另一种解释是，老年人多以自己过去的生活状况为参照标准来评价目前的生活，因而会对生活评价更加满意（李凌江等，1995）。

老年人的性别对生活满意度具有一定影响。研究发现，女性老年人的生活满意度水平高于男性（高敏等，2015；田北海等，2010）。有学者提出，这与两性对于退休的适应过程有关，男性退休较晚，适应期更短，容易产生适应不良的问题，进而导致生活满意度水平较低（刘吉，2015）。另有研究认为，老年人的生活满意度及幸福感不存在显著的性别差异（刘晶，2005；胡军生等，2006）。

受教育程度对老年人生活满意度的影响方向没有形成共识。有研究发现，老年人的受教育水平越高，对生活评价满意的可能性越低（金岭，2011）。更多研究则认为，老年人的受教育水平与主观生活质量正相关，相对于小学及以下教育程度的老年人，中学及以上教育程度的老年人生活满意度更高（李德明等，2008）。有研究认为，这是通过健康状况产生的影响，教育水平高者接受健康教育的比例更高，善于自我调适和保持良好的情绪，因而幸福感更高（王枫等，2010）。

婚姻状况与老年人的生活满意度关系密切。研究发现，有配偶的老年人生活满意度或生活质量得分更高，没有配偶的老年人得分较低（徐慧兰，1994；余桂珍等，2005）。

老年人的健康状况对其生活满意度具有显著影响。多项研究结果表明，良好的自理能力对老年人的生活满意度或幸福感具有正向的影响。日常生活功能越好，生活满意度得分就越高（祝国英等，1996），卧床或自理能力受限的老年人生活满意度明显更低（王海军等，1995；孙奎立等，2010；陈东等，2015）。

经济收入对老年人的生活满意度或幸福感具有重要影响。收入能够为老年人的晚年生活提供物质保障，收入越高，老年人的生活满意度也越高(陶国枢等,1997)。老年人的幸福感及生活满意度水平随经济收入的增加而增加,收入高的老人,幸福感显著高于收入较低者(杨彦春等,1988;冯晓黎等,2005;陈玲娜等,2007;李玿等,2009)。

居住安排,尤其是与子女的居住模式,可能会对老年人的生活满意度产生影响。研究发现,空巢对老年人的生活满意度具有负向影响(张景秋等,2015)。但更多的研究认为,是否与子女同住对老年人生活质量得分并不具有显著影响(王小燕等,2014;林婷等,2006)。对此的解释是,虽然不与子女生活在一起,但夫妻间的相互照应和精神上的相互支撑有助于老年人保持良好的心理状况(赵华硕等,2009)。

居住时长对老年人的生活满意度具有正向影响。居民在居住环境中居住的时间越长,生活满意度就越高(訾非等,2012)。这是因为生活的时间越长,居民对所在社区的依附感越强,对邻居以及社区的感情就越强烈(Mcandrew,1998)。

此外,消极性质的生活事件与个体的生活满意度水平密切相关(郑延平等,1983),个体及家庭的压力性事件与老年人的生活满意度得分呈明显的负相关关系(祝国英等,1996)。与其他年龄群体相比,老年人要经历更多消极的、压力性的生活事件,如退出工作岗位、病痛折磨、亲友过世等,其中,发生率前三位的事件为退休、亲友亡故和兄弟姐妹亡故(毛富强等,2000)。有研究发现,退休时间在一年以内的老年人生活质量得分更低(姚春生等,1995)。

综上可知,有关老年人个体及家庭因素对其生活满意度影响的研究成果比较丰富。实际上,从住房到社区的居住环境与广大居家养老老年人的日常生活息息相关。近年来,越来越多的研究从居住环境的角度切入,论述了环境因素对老年人生活质量的影响。

2.1.1.2　客观居住环境的影响

城市环境与居民的生活质量关系密切。研究发现,居民的生活满意度

很大程度上会受到环境质量的影响(邢占军等,2002;Pavot、Diener,1993)。客观生活条件是确保个体生活质量的基础(罗萍等,2000)。社区环境决定着居民的生活质量(曾毅等,2002)。相比经济、人文和生态环境,生活环境对居民评价城市总体宜居水平的影响最大(李嘉菲等,2008)。加拿大公共健康局已将老年人的生活满意度作为评估老年友好社区的指标(PHAC,2015)。

研究发现,环境已经成为研究个体生活质量的重要领域。老年人是人口中的一个亚群体,实际上,对普通人口生活质量的研究也适用于老年人(邬沧萍,2002)。世界卫生组织综合了二十多个国家的经验后编制出生活质量量表(WHOQOL－100)及其简化版(WHOQOL－BRIEF),都包含了居住环境的若干指标①,该量表被学界广泛运用。在欧洲居民生活质量指标体系中,住房条件及生活环境是两个重要的研究领域(王威等,2002)。还有研究将社区环境作为生活质量指标的一类(Cummins,1996)。在我国,中华医学会 1994 年编制的《老年人生活质量调查内容及评价标准建议(草案)》里纳入了居住条件,并根据住房相关指标,如住房面积,厕所、洗浴、暖气等设施的配备情况分为良、中、差三档(原卫生部北京老年医学研究所流行病学研究室,1996)。台湾地区居民的生活质量指标体系中,环境指标也被纳入其中(施祖辉,1995)。其他学者在研究生活质量时也将居住环境(林南等,1989)、居住生活质量(王树新,1996)作为主要研究领域,或将住房环境(例如,人均居住面积、家用设施的拥有率)作为测量生活质量的指标(朱庆芳,1992;蒋志学等,2003)。其中针对老年群体的研究发现,环境是我国老年人生活质量的重要研究领域(杨中新,2002),住房环境(陈薇,2005)以及养老服务环境(刘晶,2005)均被纳入生活质量的研究内容中。

学者们利用实证研究论证了客观居住环境对老年人生活质量的影响。国内研究偏重于老年人的住房层面,发现住房状况是老年人最重视的方面

---

① 世界卫生组织网站(http://www.who.int/mental-health/publications/whoqol/en/)。

之一,北京市有51.4%的老年人把住房列为主要需求(孙鹃娟,2007)。已有研究发现,住房条件对老年人的生活满意度有显著的影响。有住房产权的老年人生活满意度更高,住房面积越大、产值越高,生活满意度评价也越高;在住房设施方面,有单独房间、有煤气/天然气、有暖气/土暖气会对老年人的生活满意度产生正向作用(周俊山等,2013)。一项上海市的调研结果表明,住房问题会造成老年人在家中跌倒,原因包括地面滑、光线不足、厕所在室外、无扶手等(刘晶,2005)。

国外研究论证了部分住房特征对老年人生活质量的影响。日本厚生省发现,在住房内意外死亡的人中,老年人占64.4%,其中又有七成是因为住房设施问题而致死的,包括因地板滑、磕绊或从台阶坠落、跌倒等(陶立群,2004)。另一项日本的研究表明,最大的不利因素是住房面积小、密集居住;住宅设备的不完备或者老化,也会影响老年人的生活;如果地面有高低差,会减少室内活动量甚至摔倒;去室外上厕所会给老年人带来不便,导致循环系统疾病;日照不良也是影响老年人生活质量的主要原因(表2-1)。相比之下,国内大多数研究只是把住房条件简单分档,并没有探索具体住房特征对老年人生活满意度的影响。例如,居住条件好的老年人有更高的生活满意度和主观幸福感(徐慧兰,1994;李玓等,2009),总体生活质量得分高于居住条件差的老年人(徐红等,2012)。但具体哪些设施对老年人的生活质量有显著的影响,尚不明确。

近年来,越来越多的研究开始关注住房外部以及社区环境的影响。研究发现,住房周边环境与住房环境同样重要,都会影响老年人的生活质量(Lawton,1982),比住房更广泛的居住环境同样也会影响居民的生活质量,如楼宇环境、住房周边的文化娱乐设施等(Kahana等,2003)。实证研究发现,住房相关变量能够解释居住环境满意度变异的18.3%,而楼宇及其他邻里环境变量能够解释28.6%(Rojo-Perez等,2001)。此外,老年人的跌倒与居住环境关系密切,会威胁到老年人的安全。据统计,老年人与伤害相关的死因中,有 23% ~40% 是由跌倒造成的(Karlsson MK 等,2013;Lee WK 等,2012)。造成老年人的跌倒环境因素主要包括:地板湿滑、灯光昏暗、障碍物、楼梯设计不合理、道路和人行道凹凸不平、卫生和社会服务可及性差(Grundstrom 等,2012; Reed - Jones 等,2013)。相比而言,国内的研究很少涉及楼宇环境及社区环境,仅有的一项研究发现,老年活动设施、大型购物设施、医疗设施等配套服务设施的便利性会影响到老年人的生活满意度(张景秋等,2015)。

表 2 -1 日本保健护士观察到的不适老问题

问题项目	老年案例数/例	问题项目	老年案例数/例
高低差(入口处、房间与走廊之间)	81	不卫生(地毯,饲养宠物等)	12
厕所(蹲式厕所,有高低差,无扶手,光线暗等)	39	规模(房间狭窄,东西散乱,尘埃堆积等)	10
浴室(浴缸太高,浴室狭小,没有浴缸等)	34	厨房(房间窄小,洗碗池以及灶台太高等)	5
楼梯(陡且踏板窄,无扶手,打滑等)	21	开口部(门的开合困难,出入口狭窄等)	4
室内环境(日照和通风不良,房间之间温差较大等)	20	所有形态和经济状况(因为是借房而难以改造等)	3
立地与外部环境(没有公园,地面倾斜,交通量大等)	14	家具与室内装修(柱子以及家具的拐角尖锐等)	2
走廊(狭窄,光线暗,容易滑倒等)	13	开间与结构(房间不独立,邻居噪声等)	2

资料来源:早川和男. 居住福利论[M]. 李桓,译. 北京:中国建筑工业出版社,2005.

注:合计数为 260 例。

除了硬件环境的影响,软件环境与老年人的生活质量也息息相关。一方面,社区服务会影响老年人的生活满意度,但是相关研究较少。已有研究发现,老年人对物业管理水平、社区文体活动的满意度水平会对其生活满意度具有正向的影响(张景秋等,2015),住房与社区服务的统一,会提高老年人的生活满意度(高辉、谢诗晴,2015)。另一方面,老年人得到的社会支持状况以及人际关系对其生活满意度具有显著影响，相关研究比较丰富。

社会支持是个体从社区、社会网络或亲戚朋友那里获得的物质或精神帮助（Cullen，1994）。老年人获得充足的社会支持与其身心健康有显著的正相关关系（王雁飞，2004），并与其生活满意度之间存在显著的正相关关系（程利娜，2013；宋佳萌等，2013；张德林，2015）。非正式支持包括亲属、邻居、朋友的支持，是影响老年人主观感受的重要方面（姚远，2005）。此外，老年人与朋友的关系能够显著影响其生活满意度（Ku、Koo，2003），当居民与周围的人建立起社会联系时，会影响生活环境满意度，低收入家庭的情况尤其如此（Amerigo、Aragones，1997）。老年人良好的人际关系，包括与邻居和朋友等的关系，与老年人的生活质量呈现显著的正相关关系（刘晶，2005；徐红等，2012）。可见，软件环境是居住环境中不可或缺的组成部分，对老年人的生活质量至关重要。

2.1.1.3　感知因素的影响

居住环境既包含客观的环境，又包含人们对环境的主观感受。前者主要用"有/没有"或者数量等客观指标测度，后者则从是否满足老年人的需求的角度出发，用"满意/不满意"或"好/不好"的方式来衡量。正如有的学者所提出的，对老年居住环境的研究有两种角度：一种是采取客观的、外在可证实的指标（Lawton，1983；Windley、Scheidt，1983）；另一种是采用主观的方法，了解居民对环境的感知和评价（Carp 等，1984；Jirovec 等，1985）。每个个体对环境的偏好以及需求都是不同的，会影响到对环境的感知评价。因此在居住环境的研究中，不能仅仅关注客观的实体环境，还应将个体对居住环境的感知和评价因素纳入进来，采用多维度的方法非常关键。越来越多的国外研究将客观环境与感知环境进行了区分（Iwarsson 等，2007；Oswald 等，2010）。

因此，应从两个角度来研究居住环境对生活质量的影响：一是环境特

征对生活质量的直接影响;二是个体与环境的交互作用,即感知因素对生活质量的影响。传统的研究仅仅聚焦于客观环境特征对生活质量的影响(Bruin、Cook, 1997; Klein, 1993),这是不完整的(Kahana 等,2003)。在中国住房制度转型和城市空间重构的背景下,老年人等弱势群体的居住环境不容乐观,应更多关注老年群体对居住环境的感知因素(湛东升等,2014)。

国内外多项研究证实,老年人对环境的感知因素会显著影响其生活满意度或主观幸福感。实证研究发现,老年人对生活环境的评价会影响其生活满意度(苑雅玲等,2015)或居家养老满意度(余杰等,2015)。还有的研究聚焦老年人对环境中某一维度的评价,发现老年人的住房满意度和人际交往满意度会显著影响其生活满意度(李德明等,2006)。此外,老年人对住房环境的负面评价(Rioux,2005)、对服务资源便利度的评价(胡宏伟等,2013)以及对社区管理的满意度也会对其主观幸福感产生显著影响(何铨等,2015)。

在比较了主客观环境因素之后,有研究进一步指出,相较于人口学变量和客观环境因素,老年人对住房等环境因素的评价对于其生活满意度的解释力更大,达到54%(李德明等,2006)。老年人的幸福感在很大程度上取决于他们对居住环境的期望值和满意度,而非实际居住条件(Phillips 等,2005)。因此,在研究居住环境对生活满意度的影响时,应充分重视老年人对居住环境主观感知因素的作用,深入分析不同居住环境类型以及个体特征的老年人对居住环境的差异化需求,以便为养老服务的多元化供给和科学配置各类服务设施提供依据(颜秉秋等,2013)。

2.1.2 老年人居住环境感知评价的测量

个体的偏好和需求是多维的,因此区分居住环境的不同维度至关重要(Kahana 等,2003)。明确感知评价的维度是探寻个体需求的有效途径。如何完整地、科学地测量出居住环境感知的内容,成为居住环境研究的重点。

随着老年宜居社区建设的推进,许多学者开始关注评价指标体系研究。地理学、环境学、城市规划、建筑学围绕老年宜居环境评估进行研究,从居室环境、户外活动空间、休闲绿地、无障碍环境等方面构建了评价指标体系(杨文西,2009)。尽管以往研究涉及老年人对环境各个方面的满意程度,但是仍缺乏对各个居住环境要素进行全面、深入的测量和分析。另外,许多评价指标的研究还停留在理论构建阶段,没有经过实证研究的验证,无法进行进一步的研究,例如,有研究从理论上编制了老年宜居社区评价体系(李珊等,2012)。相比之下,构建居住环境评价量表能够全面、科学地测量老年人对居住环境各个方面要素的主观评价,有助于进行更深入的实证研究。

国外的学者较早开始构建老年人居住环境评价量表,在量表中纳入居住环境相关的多个题项,用满意度评价来测量老年人对环境的感知。并用因子分析法来对题项降维和归类,形成评价的子维度(公因子)。不同的社会文化背景下,居住环境评价子维度的划分存在差异。多项研究将老年人的评价划分为结构维度、正式维度和非正式维度三个维度(Phillips 等,2004; Cvitkovich、Wister,2001)。此外,还有的研究将老年人对居住环境的评价分为四个维度:社区物理环境满意度、社区服务可及性满意度、邻里关系满意度和住房满意度(Rioux、Werner,2011)。

近年来,国内学者也开始探索构建老年人居住环境评价量表。有研究从整体满意度、主观拥挤度、家中设施充足度、社区生活方便感、社区环境整洁度和邻里关系满意度等方面进行测量(张卫东,2005),但此量表没有考虑到社区服务这个重要的软件环境维度。有研究从社区自然环境满意度、社区服务环境满意度和社区人际环境满意度三个维度测量了老年人与社区环境的匹配度(庞海蓉,2009)。还有的研究从社区人际环境满意度和社区设施环境满意度两个维度考察了老年人的社区环境满意度(姜勤等,2014)。然而,这两个研究的量表仅仅涵盖了社区环境层面,没有纳入老年

人的住房环境的相关问题,不能完整地反映老年人对居住环境所有要素的评价。

利用量表将老年人对环境的感知评价划分为若干个维度后,可以进一步开展比较研究,从而清晰地把握老年人的需求特征。例如,我国香港地区老年人认为,住房环境的满意度比住房外部环境满意度对其主观幸福感的作用更大(Phillips 等,2005);上海旧居住区居民更关注住房外部环境和道路等设施,对住房环境的关注很少(刘勇,2010)。对于社区环境而言,一项四川的研究发现,老年人对社区服务环境的满意度最高,人际环境满意度次之,自然环境满意度最低(庞海蓉,2009);北京的研究则发现,老年人对社会环境较满意,而对服务设施满意度较低(张纯等,2013)。除此之外,还可将研究对象分组来分析不同特征老年人的需求差异,有研究把老年人分为低龄和高龄两组,发现社区环境满意度对于高龄老年组更加重要,住房环境满意度对于低龄老年组的生活满意度具有更大的影响(Oswald 等,2010)。

综上所述,编制一套内容全面、设计科学的居住环境评价量表,最主要的作用在于科学测量出个体对居住环境的感知因素,在此基础上能进一步比较各维度环境评价对因变量的作用大小,进而为老年宜居环境相关政策的制定提供科学依据。

2.1.3 居住福利分化与不平等

2.1.3.1 住房不平等

城市住房集中反映着居民的经济能力和社会地位。住房商品化全面推进以后,我国的阶层差异不仅体现在收入差异方面,还体现在住房差异上(张金芳,2013)。城市内部普遍存在着住房不平等现象(李晟等,2014)。

实证研究发现,不同社会地位的居民,住房条件存在着明显的差异(边燕杰等,2005;李喜梅,2003;许英康等,2014)。学者们进一步对住房不平等形成的原因进行探讨,发现户主的职业地位(边燕杰等,2005)、受教育程度(许英康等,2014)以及其他一些阶层变量决定着住房不平等(Logan、Moloch, 1987)。

在北京,虽然城市建设、配套设施等方面取得了瞩目的进展,但随着人口的剧增、房价上涨、大量公房逐年老化等,首都正面临着“大城市病”的种种困扰,住房不平等问题凸显。据统计,北京市的住房不平等系数已远远高于全国其他省市(张金芳,2013)。北京市的老年群体中,高龄、受教育程度低以及经济状况较差的老年人住房条件较差(丁志宏等,2014)。

2.1.3.2　居住福利分化

不平等不仅仅体现在住房上,在社区类型和社区地段房价方面也已呈现明显的阶层化趋势(刘精明等,2005)。各个社会群体通过收入来实现其对社会资源占有的多寡,形成了不同层级的居住环境。居住环境不再是满足人们居住功能的场所,已经日益成为居民社会地位的象征。

城市居民中普遍存在着居住福利不平等现象。不同社会地位的人占有不同的居住福利,差异化的居住福利区分着居民的不同地位。那些经济能力较强的居民往往占据着公共资源更丰富的社区,形成社区的阶层化(秘舒,2008)。

总的来看,目前居住福利相关研究具有三个特点:一是对象范围较窄,国内研究比较关注保障房居民(王祖山等,2016;于一凡等,2013)或农民的居住福利(陈莹等,2015),而有关老年群体居住福利的研究还很欠缺,对老年居住福利弱势群体了解得更少;二是多从客观居住条件方面描述居住福利分化现象,从主观感受或者满意度角度研究居住福利的较少;三是以往研究主要关注住房福利方面的内容,对居民占有的楼宇及社区资源的不平等缺乏系统的研究。

综上可知,城市内部的居住环境资源分布并不均衡,不同经济状况的老年人占有的环境资源存在着不平等现象。在社会分层的社会里,从住房到社区,城市老年群体内部居住福利已经发生了分化。这提示我们,在开展居住环境研究时,必须关注老年人居住福利的异质性,分层、分类地进行分析。

2.1.3.3 居住环境的分类

城市地理学家将居住环境称为居住空间,认为城市内部具有不同的居住空间类型,这些居住空间在地理环境、服务设施、居住密度以及社会文化因素等方面具有差异,更重要的是,居住在其中的人在社会经济属性、心理特征方面也存在显著差异(柴彦威等,2010;吴缚龙,1992)。社会学家进一步将居住空间的分割与阶层联系起来,认为居住空间的分割本质是阶层化(刘精明等,2005)。

学者们在研究居住环境问题时,通常先分类,再来比较居民的居住福利水平差异,既比较客观居住条件,又分析其主体——人对居住环境的心理需求和满意度评价。分类的方法多种多样,常见的是采用新、老住宅区的方法分类。例如,香港地区和上海市的研究,对比了新住宅区和老城区老年人的居住环境满意度,发现二者的客观居住条件存在差异,并且居住在其中的老年人对居住环境具有不同的需求,体现在满意度评价上存在显著差异(Phillips 等,2010;张卫东,2005)。但是这种分类只是简单考虑了社区的建筑年代和区位,比较笼统。

有学者进一步利用社区类型为居住环境分类,一项北京市的研究分为普通混合社区、廉租房社区、新建商品房社区、经济适用房社区、单位大院、旧城四合院/街坊型社区等,发现不同类型社区中的老年人在居家养老需求方面具有显著差异,且居住环境对其影响的路径也各不相同(颜秉秋等,2013)。另一项针对北京市老年群体的研究考察了旧城平房社区、近郊单位社区和近郊混合社区的居住环境(张纯等,2013)。还有的研究将城市社区分为老城区、单位社区、商品房社区、城镇边缘社区等，发现同一类社区内居民的居住质量类似，形成了相似的地位认同。有学者认为，不同社区代表的是不同质量的住房类型（刘精明等，2005），可见，社区分类本质上是对住房进行分类。

实际上，比起社区类型，居民的收入不平等可以在住房性质上集中表现出来。不同经济地位群体得到的是与自己收入相匹配的住房（孙静琴，2009）。

越来越多的研究开始利用住房性质将居住环境进行分类。有研究认为，我国城市地区存在四类住房：商品房、单位房、公房（政府房）以及安置房（廉租房）（李斌，2002）。有的研究充分考虑了本地区住房的特点，例如，将上海市老年人的住房划分为商品房、动迁房、老公房和花园房四类（王方兵，2015）。另一项研究发现，北京市主城区主要存在六类住房：商品房、房改房、回迁房、廉租房、自住私房和简易楼，并根据住房性质将住户划分为六个住房地位群体。进一步研究发现，各个住房地位群体在经济地位、居住条件上均存在显著差异（李强，2009）。

基于以上调查，本书认为，利用住房性质来划分居住环境比分社区类型或者简单区分新、旧社区的方法，更适合老年人居住环境的研究。首先，住房性质具有唯一性，非常明确，而社区通常是混杂的，一个社区中往往同时存在多种性质的住房，如既有商品房，又有保障房等；其次，住房性质能够反映住房的获得途径，从而能精确地指向老年人的社会地位和经济地位；最后，住房占有一定的空间，与周围环境紧密联系，住房性质不仅能体现住房质量、楼宇环境等，还能产生其他可及的居住环境资源，因此，利用住房性质分类能更好地体现住房内外的环境资源和社会要素，是划分居住环境的最佳指标，有利于开展城市老年群体内部的社会分层研究。

2.1.3.4　不同居住环境下老年人的需求差异

研究发现，受到自身经济能力、购买力水平以及居住条件等因素的影响,不同类别居住环境中的老年人对环境的需求会存在差异。例如,住商品房和回迁房的老年人住房条件较好,对社区环境的需求比较强烈;而旧住宅区老公房中的老年人对改善住房内部设施和楼房设施的需求高于其他老年人(王方兵,2015)。新、老住宅区中的老年人需求不同,新住宅区的老年人更需要社区环境的改善,而老住宅区的老年人更希望改善住房环境(张卫东,2005)。

前文已论述,个体的经济水平和居住条件可以通过其居住的住房性质外显出来。因此,我们有理由相信,居住在不同性质住房中的老年人,即不同住房地位群体,对居住环境的需求可能会存在差异。

2.2 相关研究评述

通过以上文献和理论的回顾,笔者从中获得了许多宝贵的结论和研究经验,这是本书开展研究的坚固基石,具有很好的指导意义。然而,从居住环境对老年人生活满意度影响的研究现状看,在以下几个方面还有待于进一步完善和研究。

2.2.1 居住环境相关的影响因素不够全面

缺少综合考虑老年人、客观居住环境特征以及居住环境感知因素对生活满意度影响的研究。与国外研究相比,国内研究较少关注老年人与居住环境交互作用(感知因素)对生活满意度产生的影响。另外,在居住环境特征中,硬件环境要素涉及的范围较窄,大多只关注住房和内部设施,忽视了楼宇和社区环境特征对老年人生活满意度的影响。因此,已有的研究结论对于如何改善居住环境以提升老年人生活质量的支撑作用不强。

2.2.2 本土化居住环境评价量表的编制及相关研究有待完善

居住环境包含了硬件环境和软件环境的诸多要素,对居住环境的评价也应该是多维的。首先,与国外研究相比,国内相关评价量表的内容不够全面,不能从各个方面多角度测量老年人对居住环境的感知情况,从而导致了对现有环境中各个方面能够多大程度地满足老年人的需求还缺乏全面的把握;其次,没有使用因子分析等方法进行归类,老年人对居住环境评价的子维度(感知评价因素分类)还不清晰,无法进行群体间的比较研究。因此,迫切需要完善测量方法,编制一套适合我国国情的老年人居住环境评价量表。这是厘清居住环境的主要问题,明确感知因素对老年人生活满意度影响的重要前提。

2.2.3　关于老年人居住福利不平等的研究有待拓展

在研究对象上,多数研究的对象是城市居民,针对老年群体居住福利不平等的研究只有梁宏(2010)等几人,亟待充实;在研究内容上,多关注住房条件的不平等,对其他居住环境要素的研究比较欠缺,如社区配套设施、社区老龄服务、社会支持等是否具有差异没有涉及;在研究深度方面,多数研究只是描述居住环境分化的现状,很少探讨其对个体造成的后果和影响,即缺乏社会分层问题在社会领域后果的分析。那么,在北京市老年人中,不同住房地位群体间居住条件的分化,是否会进一步对其生活满意度产生影响,还有待于进一步研究。

2.2.4　没有考虑住房性质在居住环境对老年人生活满意度影响中的特殊意义

不同性质住房的老年人对居住环境会有差异化的需求,因此,住房性质可能对某些居住环境变量的影响作用具有调节效应,进而对老年人生活满意度产生一定影响,即居住环境对老年人生活满意度的影响会因住房性质不同而存在差异。但是现有研究忽略了住房性质在居住环境对生活满意度影响中发挥的特殊作用。

2.3 理论基础

2.3.1 人居环境论

人居环境论由“人类聚居学”发展而来。创始人为希腊建筑师道萨迪亚斯(C. A. Doxiadis),他首次将建筑从房子的概念延至“聚居”的概念,认为聚居环境不是房子与房子的简单叠加,而是人们生活和工作的场所。在聚居论的基础上,吴良镛结合我国的国情加以延伸和发展,于20世纪90年代提出了人居环境论。人居环境指人类聚居生活的环境,是与人类生存活动密切相关的地表空间。该理论认为,人居环境的核心是“人”,人创造人居环境,人居环境又对人的行为产生影响。人居环境相关研究应以满足“人类居住”需要为根本目的(吴良镛,2001)。

人居环境论最大的贡献在于将层次观作为环境领域的重要研究内容,不同层次的人居环境单元不仅在于居民数量的不同,还带来了内容与质的变化。将环境划分为不同的层次,有利于明确环境的概念,对开展人居环境研究是十分必要的。吴良镛将人居环境划分为全球、区域、城市、社区(村镇)、建筑五大层次(吴良镛,2001)。其中,社区层次是城市与建筑之间的一个重要的中间层。在此基础上,有研究将居住环境的圈层由内而外划分为居室环境、楼栋环境和小区环境、小区周边环境、城市及区域环境等(王祖山等,2016)。

人居环境论提示我们,在开展人居环境研究时,要注意界定环境的层次。另外,在研究环境的评价时,应特别关注人的感受与评价,这是人居环境评价与一般的环境评价的重要区别(徐瑞祥等,2003)。随着老龄化程度的加深,在人居环境论的视角下,越来越多的政策制定者和学者开始关注老年人和社区的协调发展,即“宜居”关系(李珊等,2012),人居环境论为开展宜居环境研究提供了理论基础(张文忠,2007)。总之,人居环境论对于认识居住环境与老年人生活质量之间的关系具有重要的启发价值,为我们提供了环境层面影响因素的分析基础。

2.3.2　人与环境匹配理论

人与环境之间的关系是环境心理学的主要研究领域,研究方向上逐渐从环境决定论发展到交互作用(Interactionism)理论。传统的环境决定理论,如刺激理论等,都把产生行为的原因归之于人或环境,将人和环境看成分离开的实体,但实际上,二者在一系列的相互作用中不断噬合(徐磊青等,2002)。交互作用理论是环境心理学中较先进的理论,该理论强调人和环境均是相互包含着的实体的一部分,无论是人还是环境,都不能单独定义,一方的活动必然影响另一方(Stokols、Shumaker,1981)。而老年人的幸福感正是来自其个体需求、偏好与环境特征的交互作用(贝尔等,2009)。

近年来,人与环境的交互作用对老年人生活质量的影响逐渐渗透到老年学研究领域中(Cvitkovich, 1999; Kahana 等, 1980; Lawton,1980)。人与环境匹配理论(Person - Environment Fit Theory)深化了对人与环境交互作用的研究。人与环境匹配理论来源于 Lewin 的生态方程式。1951 年,Lewin 提出个体与环境交互理论,环境不仅包括物质空间,也包括了人与环境交互过程中形成的心理空间,总结成生态方程式[B = f(P,E)],方程式的基本思想是,行为(B)是个体特征(P)与环境特征(E)的函数(Lewin,1951)。在生态方程式的框架基础上,Lawton 等将人与环境匹配理论运用到老年环境心理学领域中,加深了对人与环境交互作用的研究,并进一步发展了方程式:[B = f(P,E,P × E)],增加了(P × E)一项,用来表示(P)和(E)之间的交互作用。

与此同时,Lawton 等学者提出了“老龄生态模型”(Ecological Model of Aging),又称“能力—压力模型”(Lawton 等,1973)。其中,能力是指个体一切能力的总和，包括健康状况、认知能力以及适应能力等，压力是指环境的压力，是环境对于个体的要求以及环境给予个体的感受。该模型认为，当个体的能力略高于环境压力，即能力与环境的要求相匹配时，个体的需求能通过环境得以满足，会良好地适应环境并感到舒适；当能力略低于环境压力时，个体会重新调整自己并适应环境；但如果二者不匹配时，即环境的压力超过个体能力所能负荷的极限时，会发生个体适应不良或者主观幸福感降低等负面效应（丁志宏等，2014）。老龄生态模型提示我们，当老年人身体机能退化、身体逐渐衰弱时，改善住房内外部环境来尽可能地消除环境的障碍，个体的能力与环境压力就能达到新的平衡，并产生积极的作用（李小云，2012）。

在前人的基础上，Kahana（1982）创建了个人—环境交互作用一致性模型（Congruence Model of Person - Environment Interaction，简称一致性模型），强调个人的需求或偏好应该与环境的特征在相应的维度上达到一致。个人的偏好或需求与环境的压力一起影响着个体对居住环境的感知评价，如果个人的偏好与环境的特征不一致，会产生一些习惯性的压力，从而引起身体健康或心理健康的隐患（Caplan，1987；Kahana 等，1996）。后来，Kahana 等（2003）将一致性模型运用到社区居住环境中，并构建了社区居家老年人主观幸福感影响理论框架（图 2 - 1），提出老年人的特征、住房特征和社区环境特征通过影响老年人与环境的匹配来最终影响老年人的主观幸福感。当个人偏好或需求与居住环境特征相一致时，老年人的主观幸福感会达到最大值。

人与环境匹配理论最重要的发现在于个体的态度、行为以及其他结果不是由个体或者环境中的某一方面所导致的，而是受个体与环境二者交互作用的影响而形成的。如果个体的特征与其所处的环境是协调的，那么就会对其态度、行为等产生正向的影响。在研究个体与环境之间的关系对主观生活质量影响时，学者们普遍认为，人与环境匹配理论的操作性较强

（Kahana，1974； Kahana 等，1983；Lawton、Nahemow，1979）。

综上所述，人与环境匹配理论聚焦人与环境的交互关系，对于开展老年人居住环境研究有两点突出的价值。首先，该理论提示我们，老年人的主观生活质量受到其个体特征、居住环境特征及老年人与居住环境匹配这三个因素的共同影响，这为本研究理论框架的形成和评价量表的编制提供了重要的理论支撑。其次，应重点关注老年人的需求，以此为依据制定政策，能够更有针对性地改善居住环境，降低环境的压力，能更高效地达到老年人的偏好与居住环境相匹配的目标，提升居家养老老年人的生活质量。

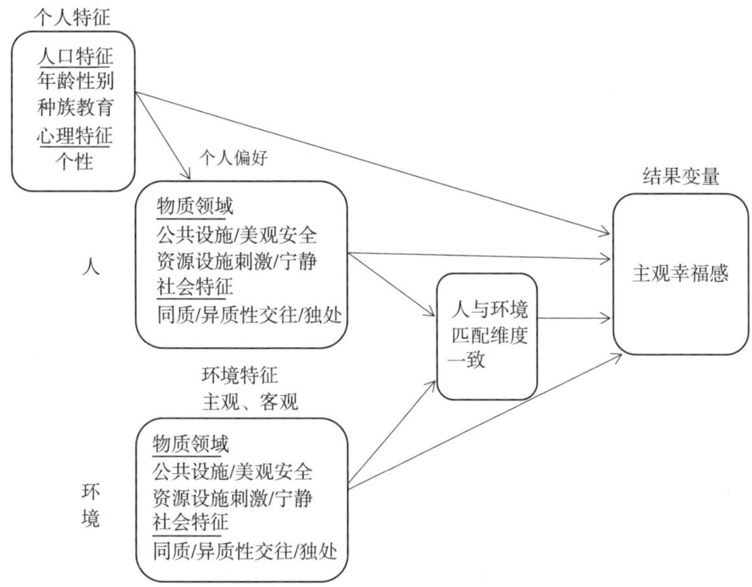

图 2－1　人、环境及人与环境匹配对社区老年人主观幸福感的影响

资料来源：Kahana E，Lovegreen L，Kahana B，et al. Person， Environment， and Person－Environment Fit as Influences on Residential Satisfaction of Elders［J］． Environment and Behavior， 2003（3）： 434－453.

2.3.3 社会分层理论

社会分层(Social Stratification)是社会结构中最重要的现象,是指社会资源在社会中的不均等分配,即社会地位不平等的群体占有着差异化的社会资源(李路路,1999)。社会分层理论是社会学理论体系中的核心内容之一,用于描述和解释社会不平等在制度和宏观层面的现状及其缘由的理论体系。

社会分层理论的研究从19世纪开始兴起,但是分层的标准一直是各个学派争论的焦点。其中,马克斯·韦伯的分层理论对西方社会学研究产生了很大影响。他的理论被称为"三重标准论",即经济因素、地位因素和权利因素是决定社会分层的三个重要因素。他认为,地位代表着一个人拥有多少社会声望,在此基础上提出了地位群体的概念。地位群体是由分享着同一种生活方式并且按照地位对等性原则进行交往的个体所组成的共同体(格伦斯基,2005)。换言之,地位群体以社会声望为划分标准,由人们的共同生活方式所形成。

住房是社会分层的镜像,是研究社会分层的重要切入点。英国社会学家雷克斯曾提出"住房阶级"理论(Rex、Moor,1967),认为人们因住房性质的不同可以划分为多个阶级,有多少种获得和使用住房资源的途径就相应的有多少种潜在的住房阶级。在我国,住房差异一直被看作居民阶层差异的重要指标,住房条件与财产权利一起,构成了中国老年人社会分层的基本尺度(李斌,2010)。随着住房市场化的不断推进,住房本身也是一种阶层分化的现象,职业、收入及其他阶层变量决定着人们的住房条件和居住水平(赵晔琴,2013)。住房使个体进入一个比较稳定的社会网络,形成比较稳定的生活模式(李强,2009),所以是反映个体社会地位的重要指标,通过分析住房就可以研究人们所处的社会地位的差异(福塞尔,1998)。

由社会分层理论及相关研究可知,住房是社会分层的重要研究内容,同时也是划分社会地位群体的重要指标。住房地位差异为社会分层研究和住房制度研究提供了一个重要切入点(张金芳,2013)。因此,从住房以及住房地位的角度开展社会分层研究,对我国城市居住环境研究而言极具现实意义。

2.4　本章小结

通过上述文献回顾与理论分析,确定了本书的研究立足点,包括两个方面:

一是在中国的社会文化及住房制度背景下,从老年人需求的角度探索城市居住环境对老年人生活满意度影响的理论框架。

综合考察居住环境特征以及感知因素对老年人的生活满意度的影响,验证人与环境匹配理论在我国城市老年群体中的适用性。

编制本土化的老年人居住环境评价量表,全面测量老年人对居住环境的感知评价,明确感知因素的维度,通过分析各维度评价对生活满意度影响作用的大小,以剖析老年人的需求特征,明确相关政策的优先发展领域。

分析住房性质在老年人生活满意度影响因素模型中的调节效应,聚焦不同住房地位群体在各类居住环境资源中的占有情况,考察各群体的生活满意度水平是否存在差异,分析各个群体对居住环境需求的异同。期望以此充实社会分层相关的研究成果,同时为分层分类制定相关政策提供依据。

二是基于研究发现,结合北京市的实践,提出精准的建议,以期推动老年宜居社区发展,提高老年人的居住福利和生活质量。

第3章

研究设计

3.1 研究框架、研究问题与假设

3.1.1 研究框架

如第二章所述，人与环境匹配理论的研究者 Kahana 等提出了理论框架，认为老年人的个体特征、居住环境特征、老年人与居住环境的匹配三个因素同时对老年人的主观幸福感产生影响，这个框架得到了实证研究的验证。研究发现，人与环境的匹配是由居住环境特征与老年人个体特征共同决定的，并进一步对主观幸福感和生活满意度产生影响（Phillips 等，2010；Cvitkovich、Wister，2001；李德明等，2006）。实际上，主观幸福感与生活满意度都能够反映老年人的生活质量状态，因此，我们有理由相信，老年人的个体特征与居住环境特征会作用于人与环境匹配（即感知评价），并进而影响老年人的生活满意度。

另外，本研究还将从住房性质入手进行社会分层研究，分析不同住房地位群体各类居住条件的分化，并聚焦不同群体的生活满意度评价差异性，探寻居住环境资源占有的不均等对老年人生活质量的影响，以此来验证老年群体中居住福利不平等现象的存在。

基于此，提出本研究的理论框架：老年人的个体特征、居住环境特征不但直接影响到生活满意度，而且会通过影响老年人与居住环境的匹配（感知评价）而对生活满意度产生影响。其中，住房性质在居住环境对老年人生活满意度的影响中发挥着调节作用（图3-1）。

变量测量方面，生活满意度利用成熟的量表来测量，将与老年人的个体特征一起，在本章的后半部分进行分析。居住环境特征将在第4章进行描述，并在第5章通过构建评价量表来分析和获得人与环境的匹配维度。

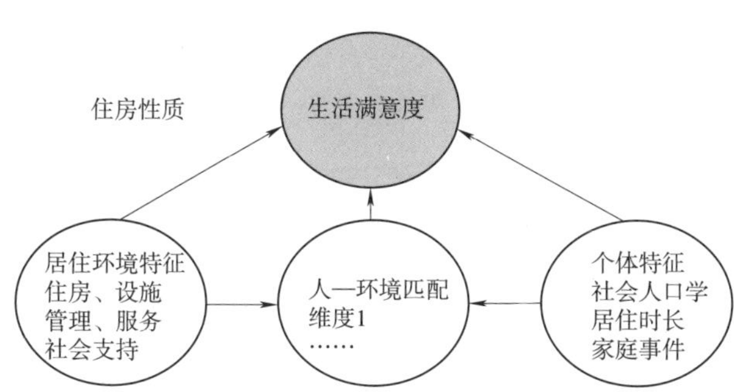

图3-1　居住环境对老年人生活满意度影响的理论框架

3.1.2　研究问题

本书主要利用笔者自己实施的问卷调查数据，结合定性访谈资料，通过实证分析来回答“居住环境如何影响老年人的生活满意度”这一核心问题，将其细化为四个子问题。

问题1：客观老年居住环境的现状如何？

（1）北京市老年人居住环境的现状如何？

(2)不同住房地位群体的居住条件存在着哪些分化现象?

问题2:老年人对居住环境的主观评价状况如何?

(1)如何全面测量老年人对居住环境各个要素的感知评价?

(2)老年人对居住环境的感知评价是如何形成的?

问题3:居住环境如何影响老年人的生活满意度?

(1)客观环境以及感知评价中的哪些因素会影响老年人的生活满意度?

(2)居住环境对老年人生活满意度的影响机制怎样?

(3)住房性质在生活满意度影响模型中是否发挥了调节效应?

问题4:从老年人需求的角度出发,现阶段开展老年宜居社区建设的优先顺序是什么?如何根据不同老年群体的需求推动老年宜居社区建设?

3.1.3 研究假设

基于理论框架和已有研究结论,本书拟将老年人的个体及家庭特征作为控制变量,具体验证以下研究假设。

3.1.3.1 生活满意度的影响因素

假设1:居住环境特征会影响老年人的生活满意度。住房内外部设施和社区服务越完备,社会支持越多,老年人的生活满意度越高。

假设2:老年人对居住环境的感知评价会影响其生活满意度。对环境各个维度的评价越高,生活满意度越高。

3.1.3.2 假设住房性质在居住环境对生活满意度的影响中发挥调节作用

假设1:住房地位群体间的生活满意度水平存在显著差异。

假设2:影响各个住房地位群体生活满意度的环境特征存在差异。

假设3:影响各个住房地位群体生活满意度的感知评价因素存在差异。

3.2　研究方法与研究路线

本文采用以定量研究为主、定性研究为辅的研究方法。

定量研究部分主要利用笔者在北京市收集的数据进行统计分析，分析软件为Spss 18.0和AMOS 18.0。定量研究的方法及研究目标为：利用描述统计法，分析北京市调查样本的个体及家庭特征、居住环境特征和生活满意度状况；使用方差分析和相关分析的方法，考察各个住房地位群体的社会经济状况和居住条件差异；利用因子分析法，将居住环境评价量表降维、提取公因子并命名，得到居住环境评价子维度（感知因素）；利用多元线性回归方法，分析老年人特征和居住环境特征对各维度环境感知评价的影响，同时还考察了居住环境特征以及感知因素对生活满意度的影响，明确显著因素，以期为老年宜居社区建设提出有针对性的政策建议。

定性研究部分运用的方法及研究目标是：文献法，回顾相关理论、政策文件以及学者的相关研究成果，将各类文献作为本研究的基石；个人访谈法，利用笔者在两个城市收集到的老年人及社区工作者的访谈资料，分析老年群体对居住环境的需求特点，以访谈资料作为制订居住环境评价量表的依据，并用于解释居住环境对生活满意度的影响机制；专家座谈法，邀请社会学、人口学、建筑学等领域的专家进行座谈，共同制订和修改笔者编制的居住环境评价量表及调查问卷。

根据本书的研究内容和研究方法，编制了研究路线（图3－2）。

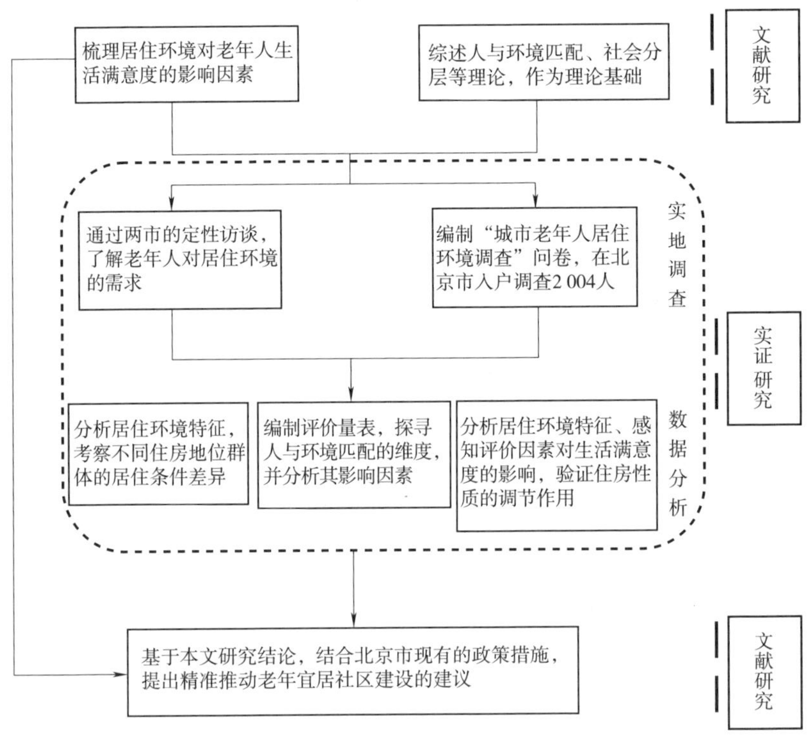

图 3－2　研究路线

3.3　资料与数据

3.3.1　访谈资料

要充分了解老年群体对居住环境的需求,仅仅依靠定量研究是不够的,开展实地访谈不仅能够对老年人居住环境的现状和问题形成直观认识,为编制本土化的量表和调查问卷提供基础参考,更重要的是有助于加深对数据分析结果的理解,从而更科学地阐释居住环境对老年人生活满意度的影响机制。基于以上考虑,本研究在资料收集过程中,注重实地调研,依据研究问题编制了访谈提纲,围绕老年人对居住环境的需求展开了个人深度访谈。

本研究所使用的定性访谈资料来自北京市和山东省烟台市两次实地调研:2016 年 7 月,笔者在北京市西城区陶然亭街道选取了 20 名背景各异且住房性质不同的老年人进行入户访谈,旨在深入了解北京市老年人居住状况中存在的问题以及老年人对居住环境的需求情况;2008 年 7 月,"老龄化城市的老年人住房及环境设计研究"课题组在北京市东城区和平里社区和朝阳区安贞里社区开展了焦点小组访谈和入户个人深度访谈,收集了 20 名居家养老老年人的住房情况及需求特征资料;2015 年 6 月,笔者赴山东省烟台市调研了 4 个不同类型的社区,①对 20 名老年人和 4 名社区老龄工作负责人进行个人深度访谈,旨在了解普通城市老年人对居住环境的需求特点以及居住环境中存在的问题。

3.3.2　数据来源

为了深入研究老年人居住环境中的问题,准确把握老年人对居住环境的需求和评价,笔者自己编制了"北京市老年人居住环境调查"问卷,于 2016 年 9 ~ 10 月在北京市展开调查。由于北京市主城区较远郊区县人口老龄化程度更加严重,且建设空间有限,老年人的住房老旧、适老化程度较低、环境拥堵等问题更加突出(纪竞垚,2016),因此,本研究将调查范围限定为北京市城六区的居家老年人。调查方式为入户调查,此次调查共发放 2 004 份问卷,回收有效问卷 1 978 份,有效率 98.7%。调查样本在各区的分布情况见表 3 - 1,被访者包含了不同社会经济地位的老年人,样本整体上具有较好的代表性。这套北京市调查数据是本研究使用的主要数据。

---

① 烟台四个典型社区及社区类型:烟台万华社区(单位社区)、奇南社区(普通混合社区)、长生社区(新建商品房社区)、所城社区(旧城平房社区)。

表 3 - 1　北京市各区调查样本分布情况

区县	街道数/个	社区数/个	样本量/人	样本比例/%
东城区	5	10	257	13.0
西城区	5	15	358	18.1
朝阳区	5	25	512	25.9
海淀区	5	20	455	23.0
丰台区	5	15	297	15.0
石景山区	5	10	99	5.0
合计	30	95	1978	100.0

3.3.3　研究对象

年龄是一个多维的概念，也是老年学研究中的重要议题。国际上对老年人的年龄界定标准主要有两个：一是 1956 年联合国推荐的 65 岁，二是 1982 年世界老龄问题大会上推荐的 60 岁（顾大男，2000）。根据我国长期以来对退休年龄的规定，干部男性 60 岁、女性 55 岁，职工男性 60 岁、女性 50 岁，实际在 55 岁时已经处于或者即将进入退休状态。

退休作为个体老化过程中一段重要的人生经历，会对个体的活动范围产生重要影响。城市老年人退休后社会活动空间逐渐缩小，基本以家庭和社区作为主要的活动场所（丁志宏等，2014），退休后他们对居住环境的要求和依赖程度明显增加。基于此，国内有关老年人居住环境的研究倾向将老年人的年龄界定为 55 岁及以上（李小云，2012；仲伯寿等，2013），以 55 岁作为调查年龄的起点，比较符合老年人居住环境研究的需要，便于了解退休人群对居住环境的需求和评价。

根据我国长期以来的法定退休年龄政策，同时结合国内相关研究的年龄划分方法，本研究将调查对象界定为：年龄为 55 周岁及以上的人口。除了年龄之外，本研究对调查对象的居住地点和居住时长也进行了限定。由于居住环境是指住房及周边环境，不包含养老机构环境，故将调查对象限定为居住在家庭户中的老年人。与此同时,本研究还将考察老年人对居住环境的感知评价情况,这要求被访者居住达到一定的时长。本研究参照人口普查对常住人口居住时长的界定,将居住时长限定为半年及以上。综上所述,本研究的主要研究对象是:居住在家庭户内、55 周岁及以上且居住时间超过半年的老年人。

3.3.4 调查设计

3.3.4.1 抽样方法

"北京市老年人居住环境调查"采用分层抽样、PPS 抽样、随机抽样相结合的抽样方法,以阶段的不等概率换取总体的等概率。在区一层,采用与老年人口规模成比例的分层抽样确定样本数量,即根据各区老年人口规模确定样本数量。各区内通过 PPS 抽样确定街道,街道内通过 PPS 抽样确定居委会/村,居委会/村内随机确定样本家庭。每个区调查 5 个街道,每个街道确定 2 ~5 个居委会/村,总样本家庭数量为 2 004 个。本研究在抽样过程中遵循了以下原则。

一是确保每个家庭只调查一名老年人。

二是如果被抽中的样本不满足居住时长超过半年的标准,则剔除该样本,并选择抽样框中紧邻的下一位符合条件的被调查者替代。

三是本研究根据老年人口数量来确定各区的样本数。据《北京市 2014 年老年人口信息和老龄事业发展状况报告》,统计数据显示,北京市的区县中,60 岁及以上的老年人口主要集中在主城区,人口老龄化程度排在前三位的依次为朝阳区、海淀区、西城区,之后是丰台区、东城区和石景山区。鉴于此,本次调查在朝阳区抽取的样本最多,占 25.9%;其次是海淀区,占 23.0%;其余的西城区占 18.1%、丰台区占 15.0%、东城区占 13.0%、石景山区占 5.0%(表 3 -1)。

3.3.4.2 调查问卷设计

"北京市老年人居住环境调查"问卷的主体包括三个部分:第一部分是

被访者的个体特征和家庭情况，旨在了解被访者的人口、社会背景和家庭情况，这些都是影响生活满意度的重要因素；第二部分是居住环境现状，包括住房状况，楼房状况，小区及社区的设施、管理、服务以及社会支持等客观情况，旨在掌握居住环境的特征及问题；第三部分是量表，包括居住环境评价量表以及生活满意度量表，旨在了解老年人对居住环境各个方面的评价及整体生活满意度状况。

其中，生活满意度量表使用比较成熟的 SWLS 量表（The Satisfaction With Life Scale），该量表包含 5 个题项，采取 7 点式计分法。1 为“非常不认同”，按照认同的程度依次类推，7 为“非常认同”，被访者根据对题项的认同程度在 1 ~ 7 分做出选择，最后以 5 个题目答案的总分来表示老年人的生活满意度水平，总分越高代表生活满意度水平越高。居住环境评价量表采用 5 点式李克特量表，1 表示“非常不满意”，2 表示“比较不满意”，3 表示“一般”，4 表示“比较满意”，5 表示“非常满意”。

3.4 北京市调查样本的基本特征

3.4.1 年龄

被访老年人平均年龄为 65.53 岁，年龄最小者为 55 岁，最大为 92 岁。其中，55 ~ 59 岁占 21.2%；60 ~ 64 岁占 30.4%；65 ~ 69 岁占 22.2%；70 岁及以上占 26.2%。

3.4.2 性别

从性别分布来看，女性老年人较多，占近六成，男性占四成。其中，55 ~ 59 岁组女性占 67.0%，男性占 33.0%；60 ~ 64 岁组女性占 57.4%，男性占 42.6%；65 ~ 69 岁组女性占 48.8%，男性占 51.2%；70 岁及以上组女性占 62.3%，男性占 37.7%。

3.4.3　受教育程度

被访老年人的受教育程度以初中为主，占四成；其次是高中/中专，占 34.7%；大专及以上占 12.4%；小学及以下占 11.9%。在小学及以下受教育程度的老年人中，女性较多，占 72.3%；在初中文化程度的老年人中，女性占 56.4%；在高中/中专的老年人中，女性占 65.4%；在大专及以上文化程度的老年人中，女性占 55.5%。

3.4.4　婚姻状况

八成以上的被访老年人有配偶，丧偶的占 14.3%，离婚或未婚的占 2.6%。从性别来看，在有配偶的老年人中，女性占 59.0%；在丧偶老年人中，女性占 68.5%；在离婚或者未婚老年人中，女性占 63.9%。从年龄来看，有配偶的老年人以 60～64 岁组为主，占 33.3%，其次是 55～59 岁组，占 31.0%，65～69 岁组及 70 岁以上组较少，分别占 21.6% 和 14.2%；在丧偶老年人中，大多数为 70 岁以上组，占 65.1%；在离婚或者未婚老年人中，55～59 岁组最多，占 49.1%，其次为 60～64 岁组，占 35.8%。

3.4.5　居住安排

近六成的被访老年人只与配偶同住，35.4% 的老年人与子女或其他人同住，独居的占 8.7%。从性别来看，独居老年人以女性为主，占 72.6%，只与配偶同住的老年人分布比较平均，男性、女性各占一半，与子女或其他人同住的老年人中，女性居多，占 65.8%。从年龄分布来看，独居老年人中近一半为 70 岁及以上者；只与配偶同住的老年人中，60～64 岁者居多，占 36.2%，其次为 55～59 岁者，占 27.1%；与家人同住的老年人中，55～59 岁者居多，占 32.7%，其次为 70 岁及以上者，占 26.8%。

3.4.6 经济状况

从主要收入来源看，超过八成的老年人主要依靠自己的退休金或养老金生活，靠配偶收入的占7.8%，依靠自己劳动或工作所得的占5.2%，其他来源的占3.7%；七成老年人及配偶每月的总收入达到5 000元以上，收入在5 000元以下的仅占29.7%。

3.4.7 健康状况

生活自理能力方面，本研究采用老年人自评的方式，0.4%的老年人自评完全不能自理，8.4%的老年人生活需要别人的帮助，超过九成的老年人生活自理能力完好。

3.4.8 家庭状况及事件

被访老年人平均有2.22个子女。17.8%的老年人自己或家庭一年内发生过压力性事件。其中，8.4%的老年人经历过自己或亲人生病，3.8%刚刚退休，还有2.5%的老年人经历了家庭成员亡故或者亲友亡故等事件。

3.4.9 行为特征

老年人在居住环境内的行为活动特征能够反映其对环境的利用情况，本研究针对老年人的居住时长、活动范围和活动时间进行了调查。数据显示，被访老年人住在本社区的时间普遍较长，平均居住年限超过22年。从日常活动范围和时间来看，老年人平均每天有超过18个小时在家里度过，老年人平均每天在社区范围活动的时间为2.8小时，在社区外活动的时间为3.2小时。可见，老年人每天平均有21.06个小时是在住房和社区中度过的，居住环境是老年人实现居家养老的重要基础（表3-2）。

表3-2 北京市调查样本的个体特征

变量名	分布	变量名	分布
年龄平均值(标准差)/岁	65.53(7.32)	生活自理能力/%	
性别/%		完全自理	91.2
男性	40.4	需要别人帮助	8.4
女性	59.6	完全做不了	0.4
受教育程度/%		主要生活来源/%	
未上过学	2.8	自己退休金	83.2
小学	9.1	配偶的收入	7.8
初中	40.9	劳动收入	5.2
高中/中专	34.7	其他	3.7
专科及以上	12.4	子女平均个数(标准差)/个	2.22(1.38)
婚姻状况/%			
有配偶	83.0	居住平均年数(标准差)/年	22.53(13.87)
丧偶	14.3		
离婚	2.5	压力性事件/%	
从未结婚	0.1	退休	3.8
居住安排/%		家庭成员亡故	2.5
独居	8.7	亲友亡故	2.4
仅与配偶同住	55.9	自己或家人生病	8.4
与其他人同住	35.4	子女失业	1.3
每月总收入/%		子女离异	0.5
3 000元以下	8.4	纠纷官司	0.8
3 000~4 999元	21.3	活动范围(时间)/小时	
5 000~7 999元	38.0	在家平均值(标准差)	18.26(3.03)
8 000~11 999元	29.1	社区内平均值(标准差)	2.80(1.54)
12 000元以上	3.2	社区外平均值(标准差)	3.23(2.46)

注:表中单元格内包含两个数据,其中标准差以括号括起。

第4章

北京市老年人的居住环境

城市老年人离开工作岗位之后，活动空间不断缩小，与居住环境接触的时间日益增多。根据2015年和2016年两次老年人居住环境调查的结果，①我国城市老年人平均每天有21～22个小时在居住环境内度过。居住环境的质量直接决定了广大居家养老老年人的生活质量。

如前所述，居住环境不但包含设施、空间等硬件环境，还应该包含管理、服务、社会支持等软件环境。然而，现有的社区环境和住房环境中都存在一些问题，不能很好地满足老年人的需要。为了广大居家老年人更好地安养晚年，必须首先掌握城市老年人居住环境的现状和其中的问题所在。

从本章开始将利用“北京市老年人居住环境调查”数据，描述并分析居住环境的特征和问题。聚焦老年群体内部的异质性，考察不同住房地位群体的居住条件差异。

---

① 2015年“城市老年人居住环境调查”以山东省烟台市和江苏省无锡市的居家老年人为调查对象，样本量为864名，结果发现老年人一天平均有22.02个小时在社区内度过；2016年调查在北京市开展，是本研究的主要数据来源，调查情况详见第3章。

4.1　老年人居住环境概况

从进入老龄社会至今，我国城市老年人的居住环境明显改善，但城市间差异明显。20 世纪末的一项实证研究发现，相对于其他北方城市，北京市老年人对居住环境的满意率最低（陆伟等，1999）。作为首都，北京市近年来已经出台了一系列改善居住环境的政策、措施，为什么老年人对居住环境的满意率还是偏低，现阶段北京市老年人的居住环境现状如何，从老年人的视角看存在哪些不适老的问题？本节将分析居住环境的现状，为进一步分析客观居住环境特征对老年人生活满意度的影响做准备。

4.1.1　硬件环境

4.1.1.1　住房特征

几千年来，我国深受儒家文化的影响，“孝”在养老文化中占据着重要地位，这就决定了机构养老在短期内不可能成为养老模式的主要选择，居家养老仍是我国核心的养老模式。1982 年第一届老龄问题世界大会强调，适宜的住房条件对于老年人更为重要，住房就是其所有活动的中心。住房在居家养老老年人的生活中发挥着重要的基础性作用。

从住房性质来看，本次调查的老年人家庭住房以房改房和商品房为主，分别占 26.8% 和 20.2%，私房占 13.2%，回迁房/安置房占 12.3%，公管房（又称直管公房）占 10.8%，经济适用房/两限房/自住型商品房（即有产权的政策保障房）占 10.0%，公租房/廉租房（无产权的政策保障房）占 6.6%。从住房类型来看，以楼房为主，六成是多层住宅（指六层及以下的楼房），近三成是高层住宅（楼层较高，一般设有电梯），平房占 12.7%（表 4－1）。

房屋的建筑年代多为 20 世纪 70～80 年代建成，占 35.8%，其次是

2000 年以后建成的，占 25.6%，90 年代的占 23.3%，50～60 年代的占 12.2%，中华人民共和国成立前建成的占 3.1%。从产权归属来看，近八成的被访老年人居住的房屋产权属于自己或老伴，租住公房的占 8.8%，产权属于子女的占 6.8%，租住私房的占 3.3%，借住其他人房屋的占 2.2%。被访老年人家庭的平均住房面积为 69.02 平方米，其中，面积最大的住房为 122 平方米，最小的仅 14 平方米，老年群体内部住房面积差异很大。

表 4－1　老年人住房基本情况

变量名	分布	变量名	分布
住房性质/%		房屋建筑年代/%	
房改房	26.8	2000 年以后	25.6
商品房	20.2	90 年代	23.3
私房	13.2	70～80 年代	35.8
回迁房/安置房	12.3	50～60 年代	12.2
公管房	10.8	中华人民共和国成立之前	3.1
经济适用房/两限房/自住型商品房	10.1	现住房屋产权/%	
公租房/廉租房	6.6	自己或老伴	78.8
住房类型/%		子女	6.8
多层住宅	59.5	租公房	8.8
高层住宅	27.8	租私房	3.3
平房	12.7	借住	2.2
住房面积/平方米		其他	0.1
平均数（标准差）	69.02 （25.259）		

注：表中单元格内包含两个数据，其中标准差以括号括起。

4.1.1.2　住房内部设施

从住房的内部设施来看，坐便器很普遍，有该设施的占 85.8%；卫生间是否在室内会影响到老年人的工具性自理能力（IADL），是老年人住房内重要的一个功能区。此次调查中，近九成的老年人家庭有室内卫生间。但是,住房适老化设施的普及率很低,仅 13.6% 的老年人家中装有燃气报警设施;紧急呼叫/报警设施的拥有率更低,只有 1.9% 的被访老年人家中有此设备。

近八成(77.5%)的老年人认为自己的住房存在一项及以上问题。其中,老年人反映最强烈的问题是没有呼叫/报警设施,几乎一半的老年人(46.3%)都选择此项;其次是储藏空间不足(38.3%);排在第三位的问题是室内过道窄(21.9%);之后依次是室内光线昏暗(21.4%)、没有扶手(17.7%)、房间门窄(17.5%)、厕所/浴室不好用(17.0%)、管道线路有问题(13.5%);其他问题,如窗户开启不便(7.5%)、地面滑(4.0%)、门槛绊脚(3.6%)等被选择的比例较低(图 4-1)。

这些不适老问题会影响老年人居住和生活的安全性,许多老年人对此表示担忧。调查数据显示,超过六成(63.0%)的老年人表示担心因居住条件或设施差而引起的安全问题。其中,老年人最担心的是突发疾病无法告知别人(25.6% 的老年人选择此项)和入室盗窃等财产安全问题(25.1%),还会担心家电、燃气等家用设备使用出现意外(22.3%),在家中滑倒或绊倒(22.2%)等。老年人担忧这些问题的比例很接近,可以推断出,这些安全问题在日常生活中比较普遍。

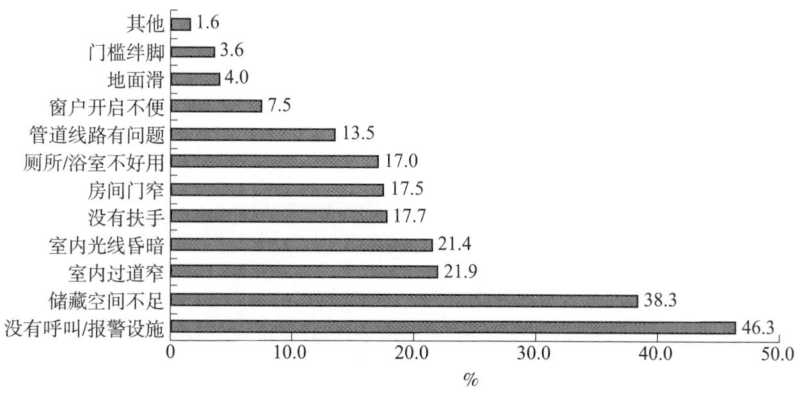

图 4-1　老年人评价住房存在的问题

4.1.1.3 楼房设施

调查发现，照明灯和信报箱是楼房比较普及的设施，97.3%的楼房有照明灯，93.6%的楼房有信报箱；门禁也比较普遍，有该设施的比例为78.8%。但是，楼房的无障碍设施覆盖率比较低，入口处扶手、坡道的比例分别只为53.4%、42.6%，不利于行动困难以及坐轮椅的老年人出行；另外，电梯的普及率不足一半，有电梯的楼房仅占42.9%（图4－2）。

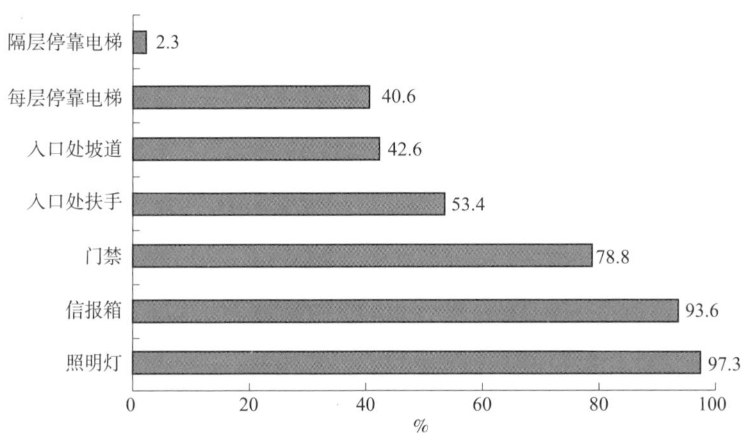

图4－2 老年人所住楼房的设施覆盖情况

关于楼房设施存在的问题，六成（60.4%）老年人认为所住的楼房环境需要改造。其中，需要无障碍设施改造的老年人最多。在楼房入口处设置坡道或轮椅通道的呼声最高，20.4%的老人选择了此项；其次是安装电梯或升降设备，占20.2%；改造现有电梯的紧随其后，占19.1%；选择在楼房入口处安装扶手的老年人占15.7%；此外，分别有12.0%和9.8%的老年人认为应改造楼房照明设施及安装门禁（图4－3）。

4.1.1.4 社区老龄服务设施

问卷调查了社区类型，由于社区的复合性，将此题设置为多选题。结果表明，本次调查的样本多属于商品房小区（34.0%）和单位社区（33.4%），住在保障性住房社区的老年人也比较多，占27.1%；住在老城区

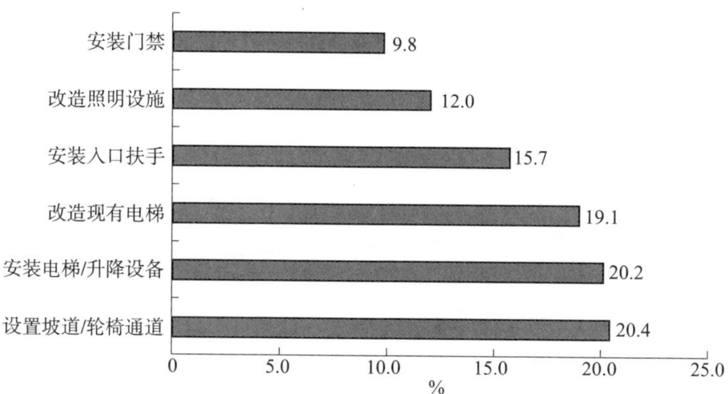

图 4－3　老年人对楼房改造的需求

或历史保护街区（胡同/平房）的老年人占 7.5%。而高级住宅区/别墅区以及城中村/棚户区极少，二者合并所占比例不足总体的 1%，在后文的影响因素分析中不纳入这两类社区的样本。

从小区设施来看，超过一半（55.5%）的小区设有传达室或门卫保障居民的安全。同时，北京市作为首善之区，社区各项服务设施的覆盖率较高。调查显示，健身设施比较普及，近八成的老年人居住环境周边有此设施；七成左右有公共卫生间、社区服务中心/站以及社区卫生服务中心；超过六成的老年人所在社区有老年活动中心和室外休息座椅；近六成老年人社区有室外活动场地；但是，照料设施比较欠缺，仅有两成多的老年人所在社区有老年人日间照料中心/托老所（表 4－2）。

表 4－2　社区老龄服务设施覆盖率　　单位：%

设施名称	覆盖率	设施名称	覆盖率
健身设施	79.8	老年活动中心	65.2
公共卫生间	70.6	室外休息座椅	61.0
社区服务中心/站	69.8	室外活动场地	55.1
社区卫生服务中心	69.0	老年人日间照料中心	21.5

4.1.2 软件环境

4.1.2.1 小区管理

从老年人居住小区的管理情况来看,近九成被访老年人所住小区有物业管理,没有管理的占12.2%,其中,63.2%的小区由物业公司管理,12.6%由房管局管理,9.3%的小区由单位管理,其他机构管理的占2.7%。只有不到三成(28.0%)的小区实行人车分流。人车分流模式能够避免汽车、行人混行的不利影响,如安全性、噪声及污染等(张磊等,2009),能够衡量小区的管理水平。

4.1.2.2 社区老龄服务

调查发现,北京市老年人对各项服务的知晓率并不高,这从一定程度上反映了社会化养老服务发展不足的现状。只有11.3%的老年人回答所在的社区有老龄服务。从具体的服务项目看,除了上门做家务和个人照护服务的知晓率超过10%之外,其余服务项目的知晓率都比较低。心理咨询、上门探访、康复护理以及助浴服务的知晓率均不到3%(图4-4)。

不仅如此,老年人对社区老龄服务的使用率也很低。除了上门做家务服务达到8.2%之外,助餐服务、个人照护服务的使用率都不到4%,其他服

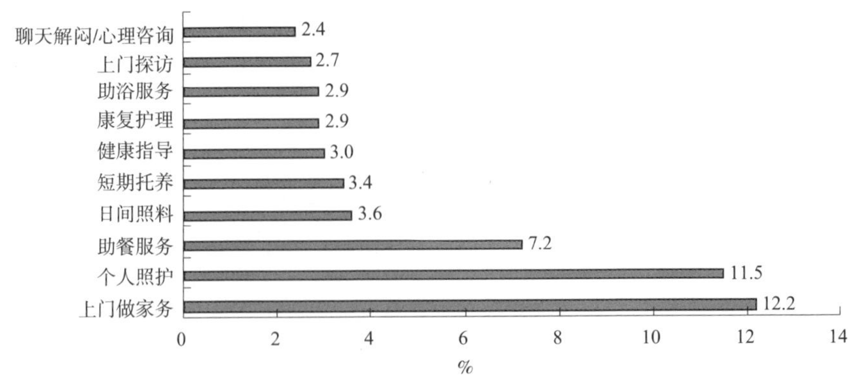

图4-4 社区老龄服务知晓率

务，如康复护理、日间照料、心理咨询等的使用率更低，不足1%（图4－5）。从知晓率与使用率之间的差距来看，个人照护服务供需失衡情况最严重，使用率比知晓率低8.3个百分点；其次为上门做家务，使用率比知晓率低4个百分点；最后是助餐服务，使用率比知晓率低3.6个百分点。现有的老龄服务尚不能很好地满足老年人的需求，这是导致服务使用率低的主要原因。

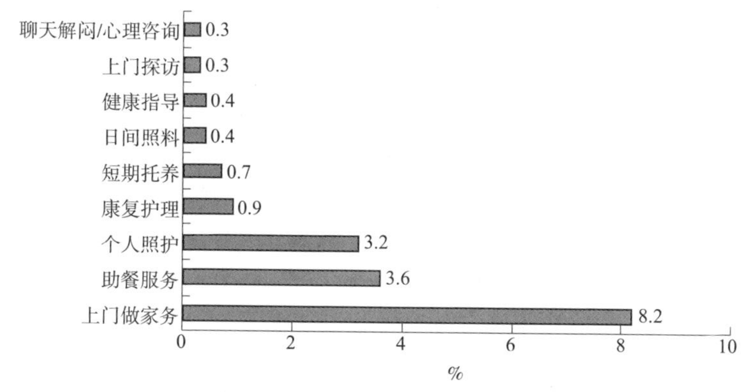

图4－5　社区老龄服务使用率

4.1.2.3　社会支持

社会支持网络的规模对老年人的社会支持起着关键作用。从社会支持的主体来看，家庭成员间的联系对老年人的主观幸福感具有显著的影响（孟琛等，1996）。随着老年人交际圈的缩小，朋友、邻居等构成的初级群体也能够为老年人提供经济、劳务、精神等方面的支持（姚远，2005）。有研究发现，社会支持得分与老年人的生活满意度之间存在显著的正相关关系，其中，社区或街道机构支持比家人支持对老年人生活满意度的影响更大，因为社会机构能直接补偿老年人因为退休而损失的社会支持（崔丽娟等，1997）。基于此，本研究围绕居住环境，考察了老年人的社会支持规模，支持主体包括家人或亲属、朋友、邻居以及社区工作人员。

在调查问卷中，社会支持由四个问题进行测量，题目为："当您需要时，

有几位家人或亲属、朋友、邻居及社区工作者可以给您帮助?”答案参考鲁本的社会网络测量量表,设置相应的支持人数,从“没有”至“9 人及以上”。调查结果显示,老年人的社会支持主要来自家人,超过九成(94.6%)的老年人可以得到家人的支持;得到朋友支持的比例也比较高,达到 88.5%;八成的老年人有需要时能够得到邻居的帮助;然而,能够得到社区工作人员支持的比例较低,只占 45.2%(表 4-3)。相比非正式支持,正式力量(如社区居委会等)为老年人提供的社会支持较少,这与其他研究结论一致(李斌,2010)。

表 4-3 老年人的社会支持状况

单位:%

支持者	没有	1 人	2 人	3~4 人	5~8 人	9 人及以上
家人	5.4	25.6	51.2	—	16.5	1.3
朋友	11.5	42.7	34.7	—	10.3	0.8
邻居	19.9	39.4	28.1	—	11.5	1.1
社区工作者	54.8	30.3	12.2	—	2.3	0.4

4.2 住房地位群体的形成

以上分析的是老年人居住环境的整体状况。研究经验提示我们,老年人是多元复杂的群体,他们异质性很强,具有不同的社会经济地位。因此,研究老年群体的居住福利时,不能笼统地将其作为一个整体来研究,而要细分内部亚群体,要有针对性地因人而异地分析具体情况(柴彦威等,2010)。

已有研究表明,城市居民的居住福利存在分化和不平等,而这种不平等很大程度是由于住房性质带来的。住房的性质能够准确反映老年人所住房屋的获得途径,体现了老年人的社会经济地位。例如,北京市老年群体经历过计划经济向市场经济转型的过程,其住房大部分是由过去单位分配住房来解决,而没有赶上单位住房分配的老年人或者经济能力较强的老年人,则自己出资购买商品房。

下面将重点分析两个问题:各个住房地位群体的社会经济地位具有哪些差异?各群体占有的居住资源是否存在着不平等现象?

4.2.1　我国城市住房制度变迁

4.2.1.1　住房制度改革:从“公有”到“私有”

中华人民共和国成立后,我国的住房制度改革改变了城市住房的基本属性,实现了由国家分配住房到住房私有化的巨变,先后经历了福利化、私有化和货币化三个阶段(王祖山等,2016)。

第一阶段是20世纪50年代至改革开放前,我国当时处于计划经济时期,国家分配住房采取福利制,实行低租金政策,住房被城市居民福利性使用。

第二阶段是1978年改革开放至1997年,在此期间我国的经济体制转向了市场经济,同时这20年也是住房改革由“公有”向“私有”的过渡期。一方面,住房分配是单位供应住房的福利制,由全民所有制单位投资建房并分配给职工使用;另一方面,城市进行着住房改革,目标是将已有存量住房、新建住房实现私有化,从1978年开始在少数城市试点,并在1988年将住房私有化改革推向全国。国家制定政策,允许职工以较低的补贴价格购买居住的公房。当今的老年人集中在这个时间段或之前参加工作,部分职工有机会在此期间购买公房,实现了住有所居,但仍有部分职工无法分到福利性住房。

第三阶段是1998年至今,逐步实现住房货币化。1998年,国务院颁布了《关于进一步深化城镇职工住房制度改革加快住房建设的通知》,这是我国住房体制改革的重要时点,通知要求停止住房实物分配,调动居民购买商品房的积极性。1999年,原建设部发布《已购公有住房和经济适用房上市出售管理暂行办法》,允许将已购买的公房出售,促进了住房的货币化(金俭,2004)。至此,我国全面进入住房货币化的阶段,住房完全市场化,居民按照市场价格自由购买住房。2000 年后,全国城镇基本停止福利分房、实物分房,住房私有化进程加速推进。

住房改革使得我国城市居民的住房变为“私有”,住房自有比例大幅上升。据统计,1998 年前 3/4 的城市住房为公房,而 2003 年城市的住房变为“私有”的达到 81%,2007 年高达 85.8%(李斌,2009)。在全国住房体制改革浪潮的影响下,几十年来,北京市居民的住房权属也发生着巨大的变化。1980 年,居民的家庭住房以租住单位房为主,自有住房的比例仅为 13.7%;进入 20 世纪 90 年代后,随着住房体制改革的铺开,单位将住房卖给职工,城市职工以优惠的价格购买到房改房,家庭住房私有比率逐年上升;随着收入的上升,越来越多有经济实力的家庭开始购买商品房。据统计,2001 年,北京市家庭住房私有比率已超过 60%。随着住房市场化的全面推进,到 2008 年,北京市住房私有比率提升至 83%(Li、Yi,2007)。

4.2.1.2 多层次的住房结构体系

2003 年,国务院下发了《关于促进房地产市场持续健康发展的通知》,明确我国实行的是多层次的住房供给体系,中高收入家庭用市场化的方式购买或租赁商品房解决住房问题,中低收入家庭用经济适用房解决住房问题,低收入与困难家庭用廉租房解决住房问题。为了解决城市低收入群体的住房问题,我国政府推出了保障性住房政策。1998 年,国务院《关于进一步深化城镇职工住房制度改革加快住房建设的通知》要求,建立和完善以经济适用房为主的多层次城镇住房供应体系。进入 21 世纪后,我国发展出经济适用房、限价房、廉租房、公租房以及自住型商品房等保障性住房。在政策的引领下,我国城市逐步发展出了多种不同性质的住房,构成了有中国特色的住房结构体系。

与单一的市场经济国家相比,中国城市家庭的住房结构极为复杂。有研究认为,城市存在四类住房:商品房、公管房、安置房(回迁房)以及单位房(李斌,2009)。其中,商品房在房地产市场上公开销售,而另外三种住房均存在不同的补贴。商品房价格高,且价格上升速度快;公管房(政府房管部门掌握的住房,又称直管公房),产权属于城市政府,通常以较低的价格出租给城市住房困难家庭;安置房又称回迁房,是旧城改造过程中,为拆迁户提供的补偿性住房,大多以优惠价格出售给拆迁户;单位福利房在建设资金上享受了国家财政的补贴,在分配时借助行政权力,职工需向单位缴纳象征性的租金即可居住,但房屋的产权属于单位。实际上,单位福利房已经被经济适用房取代。有研究根据2000年人口普查数据,描绘了21世纪之初我国城市家庭的住房结构:41%的自有房为“房改房”,即家庭从工作单位或者地方住房机构以补偿价购买的住房;37%为城市家庭的自建房(私房);13%为住房市场上购买的商品房;还有9%为“经济适用房”(Li、Yi,2007)。

综上所述,经过住房制度改革,我国已经形成了多层次的城市住房结构体系,从中华人民共和国初期的公有住房,到20世纪90年代的商品住房,再到保障房等,时至今日,我国城市地区呈现商品房、房改房、公管房、回迁房、经济适用房、私房等不同性质住房并存的局面。

4.2.2　住房地位群体的社会经济地位

有实证研究发现,北京市居民的住房按性质划分主要有六种:商品房、房改房、回迁房、廉租房、私房和简易楼(目前已基本被拆除)(李强,2009)。近年来的实践表明,除此之外,还有公租房、经济适用房和公管房。基于老年群体住房性质的实际分布,保留商品房、回迁房和私房三类;将公租房、廉租房与经济适用房合并为保障房;将房改房(购买的单位房)与公管房

(租用单位房)合并为单位房。[①] 综上,北京市老年群体的住房性质有五类:单位房、商品房、保障房、私房和回迁房。而居住在五种性质住房中的居民就是五类住房地位群体——单位房户、商品房户、保障房户、私房户和回迁房户。

需要说明的是,虽然各个住房地位群体内部存在一定差异,如商品房户也有高档商品房户和普通商品房户的差别,但研究已证明,各住房地位群体之间的组间差要明显大于各组内部的组内差(李强,2009)。因此,本书主要考察的是五类住房地位群体之间的差异,对各类群体内部的分层和差异不做进一步研究。

在社会分层研究中,教育、职业和收入是测量个体社会经济地位的基本客观变量(李斌,2010;郑晨,2001)。其中,职业在老年群体的研究中常常被忽略,因为职业领域的退出意味着职业分层不宜作为老年人口的社会分层标准(梁宏,2010)。事实上,老年人的现期收入在很大程度上能够反映老年人退休前的职业、社会地位、权力大小、生活方式等很多方面。因此,通常使用教育程度和收入两个方面作为衡量老年人社会经济地位的指标(王方兵,2015)。另外,在测量老年人的收入时,有退休金收入代表老年人有稳定的收入来源,与收入数额的多少一样关键。

基于以上考虑,本研究采用收入、受教育程度以及有无退休金收入三个指标来测量老年人的社会经济地位,以此来分析五类住房地位群体间的社会经济地位差异特征。

4.2.2.1 家庭收入

在收入方面,一般采用家庭总收入,即老年人与老伴每个月的收入总额来反映老年人的收入(张景秋等,2015)。在本次调查中将老年人与老伴的收入设为有序分类变量,按照收入数额从低到高分为八类:1 000 元以下、

---

① 单位房主要包括购买和租用公有住房两部分。通过购买途径获得的称为房改房,是个人以优惠价格向单位购买的房屋,个人享有住房的产权;租住的称为公管房,个人需缴纳少量租金来租住(柴彦威等, 2010)。本次调查显示,公管房主要位于单位房社区。基于以上分析,本文将公管房与房改房一并归为单位房。

1 000 ~ 1 999 元、2 000 ~ 2 999 元、3 000 ~ 3 999 元、4 000 ~ 4 999 元、5 000 ~ 7 999 元、8 000 ~ 11 999 元、12 000 元及以上。为了便于做方差分析，本书将以上八类作为收入指数，指数越高，代表老年人的家庭收入越高。

方差分析结果表明，五种住房地位群体的家庭收入存在显著差异。其中，商品房户家庭收入指数明显高于其他群体，反映商品房户具有较强的经济实力；收入排第二位的是单位房户，这部分老年人属于传统职工，享受到了单位分房的福利；排在第三位的是回迁房户，在五个群体中属于中等收入，居民主要是老城区的拆迁户；收入排在最末的是保障房户和私房户，属于低收入群体（表 4 –4）。通常是收入较低的居民才能申请北京市经济适用房、廉租房等保障性住房，因此保障房户的收入较低容易理解。另外，结合房屋类型和产权情况来看，私房中有四成为平房，私房户中租房的比例（接近 15%）明显高于其他群体，所以私房户经济收入最低是符合实际情况的。

表 4 –4　五种住房地位群体的社会经济地位差异

住房地位群体	家庭收入指数	受教育程度指数	稳定经济来源/%
商品房户	6.18	4.77	87.1
单位房户	5.83	4.42	85.1
回迁房户	5.49	4.11	77.7
保障房户	5.47	4.27	84.1
私房户	5.14	4.31	75.4
方差检验/卡方检验	F 值 = 26.9**	F 值 = 20.9**	Pearson 卡方 = 23.5**

注：1. 家庭收入指数和受教育程度指数均为等级指数的均值。
2. ** 指 $P < 0.01$。

4.2.2.2　受教育程度

受教育程度也是有序分类变量，分为六个层次，从低到高依次是：不识字、私塾或扫盲班、小学、初中、中专或高中、大专及以上。从五个住房群体的受教育指数的位次来看，与家庭收入的情况相似。商品房户的受教育水平最高，单位房户次之，私房户和保障房户的受教育水平均比较低，而回迁房户的受教育程度最低。接下来，从受教育指数的方差检验结果来看，各组间老年群体的受教育程度存在着显著差异。

4.2.2.3　退休金

对于城市老年人而言，退休金是其最稳定的经济来源，有无退休金能较好地反映其社会经济地位。问卷中老年人的主要生活来源的选项为：自己的离退休金/养老金、自己的劳动或工作所得、配偶的收入、子女的资助、其他亲属资助、政府/社会组织补贴/资助、以前的积蓄、房屋/土地等租赁收入、其他收入。本研究重点考察老年人自己有退休金一类，代表有稳定的经济来源，故将其他选项定义为无稳定经济来源。

卡方检验结果表明，五类住房地位群体有退休金的比例存在显著差异。其中，商品房户有退休金的比例最高，达到 87.1%，其次是单位房户(85.1%)，第三位是保障房户(84.1%)，而回迁房户和私房户有退休金的比例较低，分别为 77.7% 和 75.4%，收入最不稳定。

以上分析表明，在北京市老年人中，五类住房地位群体间的社会经济地位具有显著差异。综合三个指标，商品房户的离退休金覆盖率、家庭总收入以及受教育程度均是五个群体中最好的，单位房户的社会经济地位次之，而私房户的经济地位最低，有稳定经济来源的比例最低，同时家庭收入也最低。有研究发现，家庭收入与住房性质之间具有相关关系，商品房家庭的收入最高，其次是单位房家庭(李晟等，2014)，本研究再一次印证了这个结论。

4.2.3　住房地位群体的形成

在城市，工作于不同单位、具有不同经济能力的居民进入差异化的住房市场，不同的住房性质分别对应着不同社会经济地位的居民。住房地位群体之所以形成，最重要的原因在于人们是通过何种渠道进入该住房地位的。

4.2.3.1　住房地位群体获得住房的途径

社会学家在研究社会地位以及社会不平等的内在形成机制时,常常从获得方式入手,称为地位获得(Status Attainment)研究。其中,有的研究关注两代人之间地位的继承关系,还有的研究致力于探索人们进入某个住房地位上的具体路径。本研究从后一种研究视角切入,探讨五类住房地位获得途径的差异。

单位房户。单位是城市老年人获得房改房的关键途径。如前所述,我国住房制度改革的主要目标是将单位的福利分房货币化。效益好的单位为自己的职工投资建房,在考虑级别、工龄等因素的基础上以补贴价格卖给职工,成为房改房户(已购单位房户)。这些住户大多是公有企业、事业单位、集体企业的职工。房改房户通常为单位服务多年、有特殊贡献的职工,能够以优惠价格获得住房,他们是住房制度改革的受益者。而公管房户享受的福利不及房改房户,他们并不拥有住房的产权,只是能够以低于市场价的价格租用房屋,只获得实际居住的权利。

商品房户。商品房是完全市场化的,它的特点是价格高,能够承受其价格、支付能力较强的居民才能获得商品房。因此,在住房市场中,商品房的排斥性最大。商品房反映和强化了现存的社会不平等和来自劳动过程的社会排斥(Somerville,1998)。例如,专业技术人员比普通工人更有能力购买商品房。因此,商品房户是较好工作的高收入者。

保障房户 。城市住房的困难户无钱买商品房,必须依靠政府来解决居住的问题,从 20 世纪末开始,政府对城市中低收入者以及住房困难家庭提供保障性住房。保障房分为经济适用房、两限房(限价房)、自住型商品房以及公租房、廉租房等类型。这几类主要的区别在于:经济适用房户、两限房户以及自住型商品房户对房屋拥有有限的产权,属于购置型保障房,住户通常是公务员或中等收入者;而廉租房和公租房的产权归政府所有,个

人不具有房屋的产权，属于租赁型保障房，其住户是城市中低收入的群体。

回迁房户。回迁房户或称安置房户，是由于城市的发展而需要搬迁的居民，他们具有本地户籍，是该地的老住户，通过政府拆迁获得回迁和补偿而获得回迁房。北京市针对回迁房户的补偿问题出台了两个文件：2000年的《北京市加快城市危旧房改造实施办法》，要求对被拆迁户给予住房安置；2001年的《北京市城市房屋拆迁管理办法》采取货币补偿的办法，不管何种补偿，回迁房户都从中获得收益。

私房户。私房也称自建房，在城市中也占有一席之地。一部分私房是中华人民共和国成立前老北京家庭自建的，地处老城区，但其中的大部分已经在1956年的房改后上交国家，只剩下一小部分面积较小的自住房屋，这些房屋经过了半个多世纪愈加破旧，留下居住的大多是老年人。另一部分私房建于20世纪最后20年，据统计，北京市自建房在改革开放后的20年间，即1978～1998年发展迅速，进入21世纪后自建房急剧减少（李晟等，2014）。

4.2.3.2 住房地位群体的居住年限

住房地位群体获得住房的情况还可以从时间上得到印证。这是因为，住房地位群体是我国不同时期住房政策的产物。而不同时期的住房可以从居民的入住时间来反映。调查数据显示，五类住房地位群体的年龄、居住年限均存在显著差异（表4－5），这从另一个角度证明了他们以不同的方式获得了自己的住房地位。

商品房户老年人的年龄最低，且居住年限最短，经过推算，商品房户的入住时间为2003年左右，这与我国20世纪末停止福利分房从而进入商品房市场的时间相吻合。与此形成鲜明反差的是，单位房户的年龄最大，平均居住年限最长，超过27年，推算入住时间发现单位房的建设年份在1989年左右，这个时期正是单位大规模福利分房的阶段。另外，私房户的平均居住年限也超过了 27 年，居住起始年份为 1988 年，这期间是北京市大规模自建房屋的时期。住房地位群体的居住年代与各类住房建成的时期大致吻合。

表 4 –5　五种住房地位群体的居住年代差异

房户类型	居住年限/年	居住起始年份/年	年龄/岁
商品房户	13. 14	2003	62. 72
单位房户	27. 13	1989	65. 79
回迁房户	23. 66	1993	63. 80
保障房户	17. 01	1999	64. 59
私房户	27. 64	1988	63. 71
方差检验	F 值 = 104. 2**		

注：** 指 $P<0.01$。

4. 3　住房地位群体的居住条件

4. 3. 1　硬件环境

4. 3. 1. 1　住房基本情况

(1)住房产权

老年人拥有所住房屋的产权是其晚年生活的基本保障，本研究将现住房屋的产权属于自己或老伴和子女归为有产权，将租公房、租私房、借住及其他归为无产权。虽然与其他年龄群体相比，老年人自有产权的比例最高，租房的可能性最小（张金芳，2013），但在老年群体内部，根据住房地位的不同，产权所有情况存在着差异。本研究发现，回迁房户、商品房户拥有产权的比例较高，超过九成的老年人住在自有产权的住房中；而保障房户、私房户和单位房户自有产权的比例较低（表 4 –6）。

进一步分析发现,有22.6%的保障房户和11.5%的单位房户租住的是公房,这就意味着这些老年人是以低于市场价甚至免费的方式获得了居住权,租公房实际享受了国家或单位的政策福利。相比之下,12.7%的私房户租住的是私房,这些老年人是以完全市场化的、较高的价格支付房租,因此,私房户的居住成本较高。

表4-6 不同住房地位群体的居住条件差异

居住条件	商品房户/%	单位房户/%	保障房户/%	回迁房户/%	私房户/%	卡方值
自有住房产权	93.6	84.9	72.4	96.4	84.1	93.363*
平房	—	10.4	22.6	0.4	37.3	399.737*
室内卫生间	99.0	88.3	77.5	98.8	77.7	140.470*
坐便器	97.0	88.2	73.3	95.5	68.6	172.058*
紧急呼叫设施	2.2	1.6	4.5	0.8	—	19.444*
燃气报警设施	22.3	6.5	15.3	19.0	13.3	71.901*
住房不适老	66.7	81.7	82.6	73.6	79.2	42.166*
电梯	67.2	32.4	33.8	42.3	17.9	183.170*
楼道照明灯	97.0	97.8	95.4	98.4	97.6	5.513
楼房入口坡道	60.8	32.9	37.3	59.3	22.0	155.752*
楼房入口扶手	59.3	42.0	40.4	50.4	39.0	41.290*
门禁	74.2	79.3	81.2	85.0	76.2	12.366*
信报箱	94.0	94.4	86.5	96.3	97.0	29.360*
楼房不适老	29.3	72.0	79.9	64.1	52.4	247.363*
物业管理	96.5	80.8	87.0	92.2	91.6	71.538*
门卫/传达室	77.5	43.6	53.5	61.9	51.7	144.461*
人车分流	41.3	24.2	29.3	34.2	10.4	85.534*
老龄服务	94.3	17.0	81.8	84.4	90.9	122.283*

注: * 指 $P<0.05$。

(2)住房类型

一般而言,相比楼房,平房的建筑质量和住房设施条件较差。经过计算发现,不同住房地位群体住平房的比例有显著差异。私房户住平房的比例最高,近四成的私房是平房,其次是保障房,超过两成的为平房,有一成多的单位房是平房。相比之下,商品房和回迁房几乎为楼房。

(3)住房建筑年代

住房的建筑年代与住房质量紧密相关,老旧住房的建筑结构、设施等条件往往比较差。本研究将住房的建筑年代分为四个层级:20世纪60年代前、70~80年代、90年代及2000年后,计算住房年代指数,指数越大代表住房越新。计算后发现,五类住房地位群体中,商品房户和回迁房户所住房屋较新,大多为90年代后建成的,而单位房、保障房和私房比较老旧,这三类住房的建筑年代平均指数不到3,说明基本是90年代之前建成的老旧住房(表4-7)。

表4-7　不同住房地位群体居住条件的方差分析

房产类型	人均建筑面积/平方米	平均住房年代指数	平均服务设施数[a]/个	平均社会支持得分
商品房户	34.02	3.26	4.90	6.42
单位房户	32.26	2.25	4.94	6.02
保障房户	28.48	2.28	4.29	5.98
回迁房户	36.65	3.25	5.45	6.67
私房户	27.34	2.31	5.18	6.57
方差检验(ANOVA)	F值=13.9**	F值=126.2**	F值=11.1**	F值=2.0

注:1. a指共包括8个社区老龄服务设施:室外活动场地、社区卫生服务中心、社区服务中心、老年活动中心、老年人日间照料中心、室外休息座椅、公共卫生间以及健身设施。
2. **指$P<0.01$。

(4)人均住房面积

老年人家庭的拥挤度也是住房环境的关键指标,本研究用平均住房面积,即总建筑面积除以家庭居住人数来反映居住密度,数据发现,回迁房户、商品房户的住房比较宽敞,私房户最拥挤,人均住房面积仅为 27 平方米。

4.3.1.2 住房内部设施

各个群体住房内部设施配置情况有显著差异。从室内住房设施来看,商品房户和回迁房户的家庭设施比较齐全,居住条件较好;而私房户的住房条件最差,有坐便器的比例最低,且没有一户安装紧急呼叫设备;保障房户的设施也比较欠缺,有卫生间的比例较其他群体低;另外,单位房户的燃气报警设施安装比例最低,仅为 6.5%,会对老年人的居住安全造成隐患。

从住房存在不适老问题的比例来看,超过八成的保障房户和单位房户自评住房存在一项及以上不适老问题,私房户认为住房有不适老问题的比例也较高(79.2%),商品房户最低(66.7%),回迁房户也比较低(73.6%)。

4.3.1.3 楼房设施

从楼房设施来看,除了楼道照明灯一项没有通过卡方检验外,其他楼房设施在各住房地位群体间的配置率均存在显著差异。商品房户所住楼房装有电梯、入口坡道和扶手等设施的比例明显高于其他住房地位群体。另外,回迁房户的楼房设施配置也比较齐全,有门禁和坡道的比例较高。相比而言,保障房户和单位房户的楼房设施配置率较差,保障房户有电梯、入口扶手以及信报箱的比例较低,而单位房户有电梯、入口坡道的比例较低。由于私房户中住楼房的比例显著低于其他群体,因此不对其楼房设施进行分析。

从评价楼房设施存在不适老问题的比例来看,超过七成的保障房户和单位房户认为所住楼房存在一项及以上问题,回迁房户的这一比例为 64.1%,私房户为 52.4%,而商品房户的比例最低,只有不到三成认为楼房存在问题。

4.3.1.4　老龄服务设施

小区和社区老龄服务设施配备情况也具有显著差异。小区传达室或门卫是保障老年人居住安全的重要机构,调查发现,商品房户所住小区有该机构的比例最高,近八成配有门卫,而单位房、保障房以及私房小区有该机构的比例较低,单位房户有门卫的比例不足一半。从社区配套设施的拥有个数来看,回迁房户和私房户所在的社区配套较齐全,8 个设施中平均服务设施数超过了 5 个,保障房户平均社区设施只有 4.29 个,远远低于其他群体。

综上情况可知,从住房本身情况和居住环境硬件配置来看,商品房户的居住条件最好,回迁房户次之,这两个群体的住房自有产权率高、住房比较新且宽敞、住房内及所住楼房设施齐备,小区及社区服务设施配套较齐全。私房户除了社区配套设施比较完善外,其他方面的条件均比较差,面临住房拥挤、室内卫生间等基本生活设施欠缺等突出问题。此外,保障房户和单位房户的居住条件也不容乐观。单位房户的住房老旧,缺乏燃气报警设施和楼房无障碍设施,门卫的配置率低,影响老年人的居住安全和出行便利,而保障房户评价住房存在不适老问题的比例最高、楼房无障碍设施配备率低、小区及社区老龄服务设施欠缺等问题比较突出,影响着老年人的生活质量。

4.3.2　软件环境

4.3.2.1　小区管理

小区管理与老年人日常生活息息相关,是软环境的重要组成部分。从物业管理和人车分流情况来看,商品房户的居住环境最好,有这两种服务的比例明显高于其他住房群体。而单位房户和保障房户的小区管理相对不足,一些小区无人管理。私房以及单位房所在小区的人车分流比例很低,人车混行,小区安全环境很差。

4.3.2.2　社区老龄服务

社区老龄服务的知晓情况在各住房地位群体中也具有显著差异。超过九成的商品房户和私房户回答所在社区有一种或一种以上的老龄服务。但是单位房户中只有不到两成的老年人回答所在社区有老龄服务，比较来看，单位房户所处的服务环境最差。

4.3.2.3　社会支持

社会支持也是社会环境的重要内容，本研究调查了家人或亲属/朋友/邻居/社区工作者可以为老年人提供帮助的人数，答案为相应的支持人数。参照鲁本量表的赋值方法，将“没有”赋值为0分，“1个”赋值为1分，“2个”赋值为2分，“3~4个”赋值为3分，“5~8个”赋值为5分，“9人及以上”赋值为9分。将四个支持的得分相加得到老年人的社会支持得分。方差分析结果表明，五类住房地位群体的社会支持得分不具有显著差异。从得分情况来看，回迁房户、私房户及商品房户的社会支持得分较高，而保障房户和单位房户的社会支持得分较低，老年人的社会支持网络规模较小（表4-7）。

综合软件资源的情况来看，商品房户占有的社会资源比其他群体更多，主要体现在小区管理水平高、社区老龄服务比较丰富。相比之下，单位房户的软环境条件较差，面临部分小区无人管理或管理不善、老龄服务匮乏等问题。私房户的情况比较特殊，一方面，这部分老年人有机会得到充足的社区老龄服务；另一方面，车辆管理水平很差，老年人在居住环境内活动存在安全隐患。

总的来看，老年人的住房地位与其拥有的居住环境资源之间具有很强的相关关系，同时，不同住房地位群体间居住条件的差异也很稳定。以上分析充分证明，北京市老年群体内部存在明显的居住条件分化现象。各群体间社会资源的占有不仅存在差异，而且存在很强的集聚性（梁宏，2010）。本章分析发现，无论硬件条件还是软件环境，商品房户的优势非常明显；回迁房户占有的资源也比较多,软、硬件环境比较平衡;相对较差的是保障房户和单位房户,无论硬件设施还是服务环境都处于劣势,居住条件较差;私房户虽然软环境条件较好,但是硬环境仍存在很多问题。

4.4　本章小结

4.4.1　北京市老年人居住环境现状

本章使用 2016 年"北京市老年人居住环境调查"数据,描述了老年人居住环境现状和不适老问题。主要发现如下问题。

住房特征方面,北京市老年人的住房以单位房和商品房为主,二者合计占房屋性质的一半;住房以多层楼房为主,超过六成的老年人居住在没有电梯的多层楼房里;房屋比较老旧,一半住房为 20 世纪 90 年代前建成的;住房产权自有率高,超过八成的现住房屋产权属于老年人自己、配偶或子女。

住房环境不能完全满足老年人的需求。一方面,卫生间、坐便器等基本设施的普及率较高,但扶手、紧急呼叫/报警设施、燃气报警设施等适老化设施的配置率很低;另一方面,从老年人的评价来看,近八成老年人认为自己的住房存在一项或一项以上问题,选择最多的问题是家中没有呼叫/报警设施,住房环境的不适老进一步引发了担忧等不良心理状况,超过六成的老年人对居住环境的安全性表示担心。

楼房无障碍设施短缺问题突出。北京市楼房的电梯、入口处扶手及坡道的普及率很低;从老年人的评价情况来看,六成老年人认为楼房环境需要改造,其中,需要加装楼房入口处坡道、安装电梯或升降设备的比例最高。老年人对楼房无障碍设施的需求迫切。

社区老龄服务设施有待完善。健身设施、公共卫生间、社区服务中心

及卫生服务中心的普及率较高，但是社区老年照料设施比较欠缺，仅有两成多的老年人所在社区有老年人日间照料中心或托老所。另外，只有半数的小区设有传达室或门卫。

管理及服务水平亟待提升。虽然九成小区有专业化的管理，但实现人车分流管理的小区不足三成。另外，各类社会化养老服务的知晓率和使用率都很低，十项服务中，老年人对上门做家务服务的使用率相对较高（8.2%）。

老年人的社会支持以非正式支持为主。社区组织和社区服务的作用微乎其微。只有四成多老年人在有需要时能得到社区工作者帮助，大部分老年人的社会支持来自家人、朋友和邻居。

4.4.2 住房地位群体间居住条件的分化

老年人是异质性很强的群体，住房作为重要的耐用消费品，是反映老年人社会经济地位的重要指标。那么，不同住房地位群体间的居住条件是否存在着分化，存在哪些差异？本章的最后对以上问题进行了分析，主要结论如下。

将老年人的住房性质划分为五类：单位房、商品房、保障房、回迁房和私房，据此将老年人划分为五类住房地位群体。分析发现，不同住房地位群体的社会经济地位具有显著差异，其中，商品房户的收入和受教育水平最高，其次是单位房户，而保障房户、回迁房户和私房户老年人的社会经济地位较低，这与其他研究结论相符。

不同住房地位群体的居住条件存在显著差异。从硬件环境来看，商品房户在住房本身及社区配套设施等方面，居住条件明显优于其他群体，回迁房户的居住条件也比较好，而私房户、保障房户以及单位房户的居住条件各有“短板”且问题明显；从软件环境来看，商品房户仍具有绝对优势，在小区管理、社区老龄服务提供等方面明显优于其他群体，单位房户的软环境条件明显较差。

综上所述，在北京市老年人内部，各类住房地位群体间明显存在着居住条件的分化现象。由于不同住房地位群体在经济条件、文化程度、居住条件上的差异，使得住房具有明显的社会分化载体功能，有研究认为，这种分化不仅表现在住房性质的差异上，更表现在各个群体对居住环境需求的差异上（李强，2009）。而需求特征需要借助主观感知的研究来获得，在接下来的一章中，笔者将围绕老年人对居住环境的感知评价进行研究。

第5章

老年人居住环境评价量表的构建

要清楚什么样的环境更符合老年人的需要,就要在居住环境现状分析的基础上,结合个体和居住环境两方面的因素对老年人对居住环境的感知评价进行深入分析。通过感知评价维度的划分与比较,可以明确老年人的需求特征,这是目前老年宜居环境研究中亟待完善的一个领域。基于此,本章将焦点放在探寻老年人对居住环境评价的方法论问题上,探索构建具有中国本土特色的城市老年人居住环境评价量表,为分析感知评价因素对老年人生活满意度的影响做准备。

5.1 量表编制方法

5.1.1 编制步骤

量表是社会科学研究中重要的测量工具,是测量被访者主观特性的一种手段。量表根据概念的特性,将全部陈述按照一定的顺序排列,以反映被访者对测量概念不同的认同程度。本研究参照其他量表的编制方法,采取以下步骤编制。

第一步,量表初稿的编制。首先,对国内外现有的老年人居住环境评价量表进行回顾,借鉴相关题项。同时充分考虑我国的文化背景,调整题项的表述,使之更符合我国老年人的实际情况和需求。其次,通过访谈资料,广泛了解城市居家养老老年人对居住环境各个方面的需求,归纳、总结老年人的需求特征,进一步完善量表的题项。最后,采用专家座谈法,征求专家的意见,据此修改相关题项,形成量表的初稿。

第二步,开展试调查,考察问卷长度的合理性和量表初稿表达的准确性。

第三步,利用试调查数据,对量表进行项目检验、信度检验及因子分析等,修改、完善问卷和量表。

第四步,在更大范围内开展正式调查,进一步考察问卷和量表的科学性。

第五步,对修改版量表进行信度和效度检验,分析并确定量表终稿,划分老年人对居住环境评价的子维度,为后续研究提供支撑。

5.1.2　测量方法

测量人与环境匹配的方法分为感知匹配的直接测量和实际匹配的间接测量两种(洪美霞,2012)。其中,直接测量是通过直接询问的方式来测量个体知觉或主观感知到的匹配(徐悦,2014),如果个体感知到个人与环境匹配关系存在,匹配就达成了;而间接测量是分别对个体和环境的特征进行评估,通过二者的比较测量出匹配程度。直接测量因其操作比较简便,获得了较多研究者的青睐(Cable、DeRue,2002)。

在实证研究中,多采用满意度评价的方式来直接测量老年人与居住环境之间的匹配度(Phillips 等,2010; Rioux、Werner,2011)。此时,老年人基于自己在环境各个方面的需求,用满意度得分来反映环境满足个体的需求、意愿或者偏好的程度。满意度评价实际上反映的是需求与供给的匹配(Needs - Supplies Fit)。鉴于此,本研究直接询问老年人对居住环境各个方面的满意程度,从而测量老年人的需求与居住环境供给之间的匹配度。

本研究量表的具体测量方式为:询问老年人对居住环境相关要素的满意程度。在问卷调查时最常用的形式是李克特五点式量表,因此,量表也采用了这一方式来测量老年人对居住环境各个方面的满意程度,答案从非常不满意到非常满意,依次赋值为 1 ~5 分,得分可反映某个要素满足老年人需求的强弱,得分越高,说明居住环境满足老年人需求的程度越强。

5.2 量表初稿编制

社会观念会影响居民对居住环境的感知评价,个体的评价会受到社会观念、文化等因素的影响。本研究量表题项的设置主要参考我国香港学者编制的量表,同时充分借鉴内地相关研究文献以及笔者的实地访谈经验。

在以往的实证研究中,通常采用结构、正式、非正式三个维度来划分老年人对居住环境的感知评价。其中,结构维度(Structure Domain),涉及住房内部设施、楼宇设施以及社区基础设施和基本社区服务(Golant, 1984 b);正式维度(Formal Domain),包括社区老龄服务设施以及社区老龄服务(Carp 等,1984; WHO, 2000);非正式维度(Informal Domain),包括邻居及社区其他成员对老年人的社会支持(Connidis, 1989; Parmelee, 1998)。

本研究在编制老年人居住环境评价量表时,全面考虑了居住环境所涉及的硬件、软件的诸多因素,设计题项时纳入了住房内部环境、社区基础设施、社区老龄服务及人际关系等内容。但本量表中没有纳入楼宇环境的相关题项,这是由于本次调查的对象有一部分是平房居民,平房这一住房的形式是我国居住环境的一个特色,为了兼顾这部分样本,笔者在量表的设计时舍弃了楼宇环境相关的题项。

基于已有调查,本研究将老年人对居住环境的感知评价初步划分为结构维度、正式维度和非正式维度三个维度,并据此设计了本土化的量表。下面,本研究将结合实地调研资料以及国内外相关量表的设计,以这三个维度为依据,分别编制测项。

5.2.1　结构维度

已有量表一般将结构维度设置为三个部分:一是住房内部设施,包括采光、通风、面积大小、安全设施等;二是社区基础设施,包括绿化、道路、照明;三是基本社区服务,包括噪声、卫生、安全管理、维修服务、交通、商业配套等(Phillips 等,2004;Siu、Wong,2001;Loo,2000)。本研究以上述内容作为结构维度测项编制的基础。

5.2.1.1　住房设施

住房环境是老年人日常生活接触最密切的环境。研究发现,我国城市居民对住房满意的要素包括(按被选择次数从多到少排序):面积大、地理位置好、交通方便、结构合理、宽敞明亮、自然环境好、阳光充足等(李斌,2009)。其中包含了面积、结构、采光三方面。本研究在量表中也设计了老年人对住房环境主要方面的评价。

(1)通风采光

老年人对室内的阳光有着强烈的生理和心理需求,阳光对于老年人来说,不仅意味着明亮和温暖,还意味着卫生、安全、被重视等多重意义(周燕珉,2013)。房屋的采光情况是衡量老年人住房环境的重要标准,已有的量表将采光作为测项(Siu、Wong,2001;Loo,2000)。笔者在访谈时发现,老年人普遍看重室内的采光情况。

案例描述1:陈某,男,75岁,山东烟台奇南社区。

“我家在一楼,不好的是窗外的树太高了,很挡屋内光线。”

老年人对室内的通风有较高的需求,通风一般是指室内外空气的交换,即通风换气(周燕珉,2013)。房屋的通风性能也是考察老年人对住房环境的常用测项之一(Siu、Wong 2001;Loo,2000)。有研究将房屋的通风采光纳入城市居民居住满意度量表的测项(湛东升等,2014),基于此,本研究将通风采光作为住房环境的测项。

(2)隔音

噪声污染被学者们纳入结构领域的测项(Siu、Wong 2001;Loo,2000)。在访谈中发现,老年人感受到的噪声,很多是由房屋质量不好、隔音效果不佳造成的,因此本研究将隔音作为测项。

案例描述2:张某,男,63岁,北京陶然亭街道。

"这是合作社平房改造房(回迁房),我们2003年住过来,住在六楼,没有电梯的老房子,楼层高,台阶高,房屋的质量不好,是砖混结构,墙体薄,隔音差,环境吵(嘈杂),影响我们的生活。"

(3)房屋面积

研究发现,居住面积和主观拥挤度是反映老年人对居住环境主观评价的代表性指标(张卫东,2005)。住房面积的大小是结构领域中的重要测项,学者们普遍将其纳入居住环境评价量表(Siu、Wong,2001;Phillips等,2004)。在实地访谈时笔者发现,许多老年人的家庭住房狭窄,对房屋面积并不满意。

案例描述3:王某,女,62岁,北京安贞里社区。

"我家是两居,住了三个人,儿子今年23岁。建筑面积50.5平方米,使用面积41点多(平方米)。现在的老年人一般都是跟老伴住在一起,(但)如果孩子没有结婚,或者结婚以后没有独立住房,会跟老人住在一起,这是现实条件决定的。像我家这样,孩子跟我们住,两居室就很拥挤。"

案例描述4:董某,女,70岁,山东烟台奇南社区。

"我和老伴单(独)住,有2个闺女(女儿),她们住得离我不远,走路十几分钟。我住的这个房子在 6 层(共 7 层),建筑面积 57 平方米,使用面积 36 平方米,是(一九)八四年搬进来的。想有更大(宽敞)的房子住,建筑面积 80 平方米就可以。”

(4)户型结构

笔者在访谈时发现,老年人住房的户型结构是影响老年人居住质量的重要指标。正如世界卫生组织发布的《全球老年友好城市建设指南》(以下简称 WHO《指南》)提出“住房结构要合理”。在城市地区,许多老旧房屋的设计并不宜居。

案例描述 5:李某,男,72 岁,北京和平里社区。

“老房子(20 世纪 50 年代)卫生间小,厨房小,没客厅,卫生间和厨房基本上只能一个人进出,没有洗澡的地方。愿意与孩子分开住,因为两代人(之间)毕竟有代沟,生活习惯也不一样。希望孩子就住在自己的附近,但是要有自己的独立空间,这样最理想。”

(5)家用设施的安全性

WHO《指南》住房部分提出,住房能提供针对气候变化的安全和舒适的设施。在编制老年人居住环境评价量表时,学者们也很重视住房内部设施的安全性,常常将灭火、紧急呼叫设施等安全设施(Security Devices)作为住房环境的测量项目(Loo,2000)。但是在我国,老年人家庭中拥有专门灭火等设施的比例很低。电器设备在老年人日常生活中扮演着越来越重要的角色,电器和电源的安全应特别引起重视(陆伟等,1999)。基于此,本研究将安全设施这一题项的表述转化为“家用设施的安全性”,用于测量管线设施和电器设备的安全性。

5.2.1.2　社区基础环境

(1)社区绿化

社区的绿化环境是居住环境中重要的一项内容。上海市《老年宜居社区建设细则》(以下简称上海市《细则》)提出,社区内要“绿地空间适宜”。

社区绿地是老年人居住环境评价量表的一个重要测项（Siu、Wong,2001）。为了更符合老年人的语言习惯,本研究转化为“社区绿化”的表述。

（2）社区卫生

社区环境不只是硬件设施,还应该包括软件环境。研究发现,相较物理环境,老年人对社区提供的软性服务更加重视（桂世勋等,2010）。社区的各类服务能够为老年人日常生活提供支持。基础服务方面,WHO《指南》室外空间和建筑物部分指出,公共场合应是清洁干净且和谐愉快的。调查中发现,老年人很关注社区的整洁程度。

案例描述6:金某,女,83岁,北京陶然亭街道。

“小区得加强卫生,养狗的多,卫生差,座椅少,小区没有物业,没人管,居委会也不管,居委会换人快,好多人不认识,小区没有维修的地方（机构）,电、水、天然气、炉灶坏了都没人修。”

（3）社区治安

心理学家马斯洛的需求层次理论提出,安全感是所有年龄群体的基本需求,是一切更高层次需求的基础。老年人在居住环境中所处时间较长,对社区治安等方面安全感的需求尤其强烈。治安状况是居住环境中的重要环境,有学者在设计老年人居住环境评价量表时,专门设计了“我在住所附近感到安全”“居住区域的环境没有威胁”测项（Rioux、Werner,2011）,都体现了老年人对社区治安状况的需求,基于老年人的用语习惯,本研究将表述转化为“社区治安”。

（4）物业服务

学者们通常在设计居住环境评价量表时纳入维修服务（Maintenance/Repair）的测项（Siu、Wong, 2001;Loo, 2000）。在我国的城市社区中,许多社区服务主要是由物业公司来提供的。社区的物业服务对于社区环境的维护至关重要。调查时,老年人反映的很多问题与物业服务有关。

案例描述7:刘某,男,72岁,北京和平里社区。

“小区内没有物业，很多问题居委会没有权力干涉。小区不封闭，是开放式小区，外边光鲜亮丽但是内部环境不好。小区内路本来就很窄，乱停车现在也很严重，占(用)了(道)路，批发零售的一些摊位也占(用道)路。消防车、救护车都进不来，两辆车要是相遇都没法错车。路灯坏了也没人给修。”

案例描述8：曲某，女，65岁，山东烟台长生社区。

“社区挺乱的，有的居民乱栽、乱种、乱放，堆柴火回家烧水。为了这些(问题)邻居间经常吵架。”

案例描述9：潘某，男，62岁，北京陶然亭街道。

“小区没有物业，敞开式小区，没有停车位，大家乱停车，都自己(私自)安装地锁。小区没人管理，道路窄，人行道、便道上都是地锁。人车不分(不分流)，对老年人来讲很不安全。”

(5)社区道路

社区的公共基础设施对老年人的生活质量影响很大。WHO《指南》对老年友好型人行道、街道照明都提出了要求。考察老年人对居住环境的评价时，也将步行的道路纳入量表中(Rioux、Werner，2011)。但是目前，很多社区的公共基础设施不够完善或者维护不当，给老年人的生活带来困扰。

案例描述10：丁某，男，78岁，山东烟台所城社区。

“我每天都出来溜达(散步)，街道坑坑洼洼，不安全，容易摔跤。”

(6)社区户外照明

随着年龄的增长，老年人的视力下降，在户外活动时对照明设施等需求增加，应在居住环境中设置道路路灯，并保证夜间不出现明显的阴暗区域(周燕珉等，2013)。有学者将社区公共空间的照明作为结构维度的测项(Phillips 等，2004)。

除了以上题项，国外量表还包含了商业网点及公共交通的便利性。本研究的调查地点为北京市老城区，老年人普遍反映商业网点和公共交通的

配置很好,所以量表中没有设计这两个题项。基于以上考虑,本研究将结构维度细化为以下 11 个题项。

S1:房屋通风采光。

S2:房屋隔音。

S3:房屋面积。

S4:房屋户型结构。

S5:家用设施的安全性。

S6:社区绿化。

S7:社区卫生。

S8:社区治安。

S9:物业服务。

S10:社区道路。

S11:社区户外照明。

5.2.2 正式维度

正式领域涉及社区老龄服务设施以及老龄服务,包括商业网点、交通设施、活动场地/设施、老龄服务设施、无障碍设施、医疗卫生等设施以及信息服务、文体活动等老龄服务(Carp 等,1984; WHO, 2000)。本研究根据相关文件及实地访谈资料,将老龄设施细化为休息设施、活动场地/设施、养老设施、无障碍设施、医疗卫生设施等,将老龄服务划分为组织文体活动、社会养老服务和居委会的为老服务等。

5.2.2.1 社区设施

(1)医疗卫生设施

居住环境附近医疗卫生设施的可及性以及服务质量是老年人评价社区宜居性的重要指标。WHO《指南》社区和卫生服务部分提到,卫生和社区服务性设施要安全和可及。访谈中,老年人也提到了自己对医疗卫生设施的看法。

案例描述11:李某,女,42岁,山东烟台长生社区干部。

“社区里的卫生站基本不起作用,不能上门服务,是公立的,对老年人(来说)很不方便,也不归我们社区管,没办法。”

案例描述12:张某,女,59岁,山东烟台所城社区。

“房子年头久了,漏雨,但我不愿离开这儿。这里买菜方便,交通便利,而且旁边就是大医院,急诊方便。自己买药去药店也近,大医院贵,不常去。”

(2)文体活动场地/设施

《中华人民共和国老年人权益保障法》明确规定各级政府在制定城乡规划时应统筹考虑建设老年文化体育设施。WHO《指南》提出要为老年人提供多样化的活动场地。美国退休者协会(AARP)发布的 *Livable Communities:An Evaluation Guide*(以下简称AARP《指南》)也强调了文化娱乐环境是社区环境的重要评估指标。个人访谈中,老年人也表达了对文体活动场地/设施的强烈需求。

案例描述13:江某,女,65岁,山东烟台长生社区。

“附近的活动场地太少了,有时活动去公共篮球场,不方便,危险,还影响别人打球。在室内排练比较满意,但搞文艺活动的人多,经常轮不到我们用(场地)。”

案例描述14:陈某,女,47岁,山东烟台奇南社区干部。

“没有室外活动广场,健身器材4处,只有1个活动室,30平方米,没地可建。旁边有2所学校,可不让老人进。旁边社区有广场,坐三四站车过去活动,但为了场地,(老年人)与年轻人发生过矛盾。”

(3)社区休息设施

休息设施对老年群体尤其重要,在老年人的室外活动中,运动只是很小的一部分,他们更多的是在户外休息、聊天、晒太阳、观赏等(王江萍,

2009)。我国香港地区的量表将休息设施(Recreational/Sitting/Rest Areas)作为住房外部设施的一个测项(Phillips 等,2005)。此外,在调研时也发现,社区公共休息设施对老年人开展户外活动是非常重要的。

案例描述 15:茹某,男,83 岁,北京和平里社区。

"小区应该设(置)一些木头的座椅,老人们活动累了可以休息,木头的冬天也不会凉。"

(4)无障碍设施

我国政府十分重视社区无障碍设施的重要性,自 2012 年颁布了第一部无障碍建设专项法规《无障碍环境建设条例》以来,多项无障碍建设政策措施陆续出台。国务院印发的《"十三五"国家老龄事业发展和养老体系建设规划》(以下简称《"十三五"养老规划》)明确要求推进居住区公共设施无障碍改造,加强与老年人获得社区服务密切相关的公共设施的无障碍设计与改造。有研究将社区无障碍设施作为考察社区设施的内容(颜秉秋等,2013)。笔者实地调研时也发现,无障碍设施是否完备也会影响老年人的生活便捷性,尤其是公共卫生间,老年人普遍需要,但是存在许多不适老的问题。

案例描述 16:茹某,男,83 岁,北京和平里社区。

"小区内公共厕所只有 5 个位置(厕位),不够用,经常还有外来人员占用,而且老人尿频,上厕所特别不容易。"

案例描述 17:魏某,女,67 岁,北京陶然亭街道。

"我(坐轮椅)出门很不方便,去什么地方前得先看有没有无障碍厕所,虎坊路那有一个,有的地方也有,但不一定开,去了发现是锁着的。我家离陶然亭公园很近,里面有无障碍厕所,经常去。"

5.2.2.2 社区服务

(1)社区居委会的为老服务

以社区为单位提供的各种助老服务是老年人能接受的最直接和可达

性最好的类型,随着单位制度的改革和养老的社会化趋势,社区提供的种种为老服务成为老年人日常生活中最重要的支撑(柴彦威等,2010)。而社区居委会是居民的自治组织,与老年人的生活密切相关。WHO《指南》社区和卫生服务部分提出,工作人员应礼貌谦和、乐于助人和训练有素地为老年人提供各种服务。实地调研时,老年人也经常提及社区居委会的服务。

案例描述18:丛某,女,75岁,山东烟台所城社区。

“(社区)居委会很负责,真不错,有一次我发现井盖碎了,给居委会反映,马上就换了。”

案例描述19:宗某,女,80岁,山东烟台万华社区。

“去年8月脑血栓,摔倒了,走路不利索(不方便),自己站不住。楼房没电梯,这一年没下过楼了,都是私人诊所上门打吊瓶(输液)。很想下楼,但白天儿子媳妇都上班,请的钟点工一个人也没法扶我下楼。我在这是异地,(看病)报销手续一直没办,我不懂这些,儿子当电工忙,没空去,遇上困难的时候挺希望社区有人来帮帮忙。”

(2)社区组织的文体活动

我国老年人倾向于参加有组织的集体活动。近年来,随着退休人员的管理逐渐社会化,社区组织的各类文体活动成为老年人参与社会、融入社会的重要渠道。WHO《指南》社会参与部分提出,组织丰富多彩的活动来吸引老年人参与;AARP《指南》提出,文化娱乐是宜居社区的评估项目之一。我国城市的大部分社区都会定期举办各类文体活动,但是活动的形式、内容等方面与老年人的需求之间尚存在一定差距。

案例描述20:王某,女,71岁,山东烟台奇南社区。

“社区活动少,我觉得听讲座就挺好,但是很多是让老人买保健品的。想社区开些保健课,这样可靠。我想听饮食、健康知识,还有保健类的,教做健身操。”

(3)社区养老服务

《社会养老服务体系建设规划(2011～2015年)》提出,社区养老服务是居家养老服务的重要支撑。以社区为平台,发展居家养老服务是我国社会养老服务体系建设的重要组成部分。"十三五"期间,我国城乡社区公共服务发展明确将发展城乡社区社会服务,推动养老服务覆盖所有居家老年人作为发展任务。上海市《细则》服务完善部分提出,社区的照料体系完备、助老服务长效。因此,将社区养老服务作为老年居住环境的评价指标是非常必要的。笔者在实地调查中发现,许多社区的养老服务还没有覆盖需要服务的老年人,社区养老服务水平亟待提升。

案例描述21:金某,女,83岁,北京陶然亭街道。

"我非常愿意接受上门服务,希望有正规的上门送餐服务,哪怕贵点儿也可以接受。希望社区居委会有搞卫生的,有维修机构。家里有事,希望直接联系居委会就能给办。社区医院也有看病、拿药、打针的。愿意接受收费康复护理、按摩服务。好多上门服务都不知道,不了解。"

案例描述22:池某,女,86岁,北京陶然亭街道。

"我86岁,老伴90岁,(夫妻)俩人住,社区服务配套设施跟不上,我们很需要看病陪护。"

基于以上依据,本研究将正式维度细化为以下7个题项。

F1:附近医疗卫生设施。

F2:文体活动场地/设施。

F3:社区休息设施。

F4:社区无障碍设施。

F5:社区居委会的为老服务。

F6:社区组织的文体活动。

F7:社区养老服务。

5.2.3　非正式维度

社区支持既包括由政府、社区甚至市场化的企业等各种非营利和营利的社会服务机构提供的专业的正式照料，还包括由社区内的居民提供的非正式支持。良好的人际关系和充分的邻里支持能够为老年人提供必要的非正式支持。

已有的居住评价量表中，都会纳入非正式支持的测项，涵盖了家庭成员、邻居、朋友对老年人的帮助以及他们与老年人的互动关系。老年人与家人、邻居和朋友的互动关系既包括与他们的沟通和联系（Phillips等，2004），还包括需要时能够得到他们的帮助（Cvitkovich、Wister，2001）。

除此之外，邻居的素质以及与自己的同质性/异质性是居住环境评价中的重要内容（Kahana 等，2003）。我国香港地区学者也很重视邻居的背景（年龄、社会阶层等），并作为安全因子纳入量表的编制（Phillips 等，2005）。邻居的素质高低能够影响到老年人对居住环境的评价，老年人普遍倾向于与社会经济地位与自己比较接近的人一起居住，这样有利于社会融合（Hamovitch、Peterson，1969）。

基于以上分析，本研究将非正式维度细化为以下7个题项。

I1：遇到困难时家人的帮助。

I2：遇到困难时附近朋友的帮助。

I3：遇到困难时邻居的帮助。

I4：与家人的沟通、交流。

I5：与附近朋友的交流。

I6：与邻居的交流。

I7：邻居的素质。

基于以上设计，居住环境评价量表的初稿如表5-1所示。

表 5－1　居住环境评价量表初稿的维度、测项及设计依据

维度	测项	设计依据
结构	S1 房屋通风采光	Siu、Wong（2001），Loo（2000），湛东升等（2014）
	S2 房屋隔音	Siu、Wong（2001），Loo（2000）、访谈
	S3 房屋面积	Siu、Wong（2001），Phillips 等（2004），张卫东（2005）
	S4 房屋户型结构	WHO《指南》，湛东升等（2014）
	S5 家用设施的安全性	Loo（2000），WHO《指南》
	S6 社区绿化	上海市《细则》，Siu、Wong（2001）
	S7 社区卫生	WHO《指南》，访谈
	S8 社区治安	Rioux、Werner（2011），访谈
	S9 物业服务	Siu、Wong（2001），Loo（2000），访谈
	S10 社区道路	WHO《指南》，Rioux、Werner（2011）
	S11 社区户外照明	Phillips 等（2004）
正式	F1 附近医疗卫生设施	WHO《指南》，访谈
	F2 文体活动场地/设施	《老年人权益保障法》，WHO《指南》，AARP《指南》，访谈
	F3 社区休息设施	Phillips 等（2005），访谈
	F4 社区无障碍设施	《“十三五”养老规划》，颜秉秋等（2013），访谈
	F5 社区居委会的为老服务	WHO《指南》，柴彦威等（2010）
	F6 社区组织的文体活动	WHO《指南》，AARP《指南》
	F7 社区养老服务	上海市《细则》，访谈
非正式	I1 遇到困难时家人的帮助	Cvitkovich、Wister（2001）
	I2 遇到困难时附近朋友的帮助	Cvitkovich、Wister（2001）
	I3 遇到困难时邻居的帮助	Cvitkovich、Wister（2001）
	I4 与家人的沟通、交流	Phillips 等（2004）
	I5 与附近朋友的交流	Phillips 等（2004）
	I6 与邻居的交流	Phillips 等（2004）
	I7 邻居的素质	Kahana 等（2003），Phillips 等（2005）

5.3 量表分析

5.3.1 量表初测

本研究在以往文献研究和现有量表的基础上，结合实地访谈资料，编制了一套本土化的老年人居住环境评价量表。虽具有一定的内容效度，但仍会不可避免地存在一些问题。例如，测项的设计不符合老年人的实际情况等，不能直接将量表用在正式调查中。为此，应先通过试调查对量表的初稿进行初测，对客观数据进行项目分析，检验测项的科学性，找出量表初稿存在的问题，筛选和优化测项，从而提高量表的信度和效度，为大规模正式调查做准备。

试调查选择老年人口比例较高的朝阳区、海淀区两个区，采用 PPS 抽样、随机抽样相结合的抽样方法，调查了 300 名社区老年人。运用自编的《城市老年人居住环境调查问卷》和老年人居住环境评价量表初稿进行试调查。按照规定，样本数应大于测量项目总数的 10 倍（Nunnally，1978），量表初稿包含 25 道题，因此试调查样本量符合要求。

调查方法是调查员入户调查，采用调查员提问，老年人回答，再由调查员填写答案的方式进行。试调查共回收问卷 296 份，回收有效率为 98.7%。其中，女性老年人占 65.2%，男性占 34.8%；从年龄来看，样本中 55～59 岁组 89 人，60～69 岁组 82 人，70～79 岁组 77 人，80 岁及以上组 48 人。使用 SPSS 19.0 软件处理试调查数据。

5.3.2 量表测项纯化

测项纯化是将量表数据统计分析，并按照一定的标准，将不能精确测量概念的测项去除，保留适合的项目，从而提高量表的信度和效度。目前，常用的纯化方法有区分度检验、Cronbach α 值检验、因子载荷值检验等。

5.3.2.1 区分度检验

区分度(Discrimination,又称鉴别力)是评价项目质量的重要指标,能够反映测验项目对被试心理品质的区分程度。计算区分度的方法有项目鉴别指数法和相关法两种,当样本量较大时(通常大于 100),宜采用极端组的划分来测算量表的项目鉴别指数(郑日昌,2008)。具体的操作步骤是:将量表的总分按照从低到高的顺序排列;以 27% 的比例标准分别取高分组和低分组;最后对高分组和低分组进行独立样本 T 检验(秦晓晴,2003)。

本文利用 27% 极端分组法对居住环境评价量表进行区分度检验,具体步骤:根据表 5-1 中量表初稿的维度划分,计算出结构、正式、非正式三个子量表的总分;然后将总分从低到高顺序排序;以 27% 的比例标准分别取高分组和低分组;对高分组和低分组进行独立样本 T 检验。检验结果显示,3 个子量表的高分组和低分组均在全部测项的得分上呈现显著性的差异($P<0.05$),说明居住环境评价量表初稿的 25 个测项在试调查数据中具有较好的区分度。

5.3.2.2 Cronbach α 值检验

α 值是评估测量工具性能的重要指标,较低的 α 值表示样本项目不能准确表达要测试的概念(Churchill,1979)。测项纯化时,需计算每个测项与总体的相关系数(Item - total Correlation),如果系数小于 0.4,则表示该测项与总体的相关性较小,可以删除。如果删除该测项后量表的 Cronbach α 值变大了,就说明应当删除该测项(阳翼,2008)。根据以上原则,应删除“附近的医疗卫生设施”(相关系数为 0.282)、“社区养老服务”(相关系数为 0.394)、“遇到困难时家人的帮助”(相关系数为 0.304)以及“与家人的沟通、交流”(相关系数为 0.284)四个题项,以此实现对测量项目的纯化。

5.3.2.3 因子载荷值检验

已有研究提出,可以用因子分析中因子载荷值作为项目纯化的标准。具体的方法是,在测项旋转后考察其因子载荷值,如果载荷值在所有的因子上均小于0.4,或者在两个及以上因子上均大于0.4,那么就应该删除该项目(Nunnally,1975)。根据这一原则,应删除"家用设施的安全性""社区绿化"两个测项。

经过以上项目纯化的过程,共删除量表初稿中的6个测项,保留19个测项。接下来,笔者采取因素分析的方法,检验假设的三个维度是否符合本次调查样本的公因子,如果不是,将根据数据分析结果重新提取并命名公因子。

5.3.2.4 探索性因子分析

(1)因子分析的可行性检验

在做因子分析之前,首先需要对因子分析的可行性进行检验。本研究采用KMO检验和巴特利球状检验(Bartlett球状检验)来判断。KMO值为0~1,其值越高,说明变量间的相关性越强,因子分析的适合度就越高。有学者认为,KMO值应在0.5以上,达到0.7为一般,达到0.8为好,0.9以上为非常好(郭志刚,1999)。Bartlett球状检验用于检验量表中各变量间是否为单位阵,如果拒绝原假设,则说明可以做因子分析,即当统计检验的结果小于0.05时,说明各变量间具有相关性,适合做因子分析。

经计算,居住环境评价量表在本次调查数据中的KMO值为0.918,符合因子分析的条件。同时,Bartlett球状检验的显著性水平$P<0.001$,说明量表的题项间有共同因素存在。两个检验均达到要求,居住环境评价量表有较好的结构效度,适合进行因素分析(表5-2)。

表5-2 居住环境评价量表的KMO和Bartlett检验

方法	结果
KMO检验	0.918
Bartlett球状检验	
近似卡方	19 744.15
自由度	190
显著性sig	0.000

(2)因子分析

本研究采用主成分分析法来抽取共同因子,将量表降维。首先要确定因子的数目,一般通过因子特征值、解释的方差贡献率和碎石图等方法来确定。因子分析结果如表 5 - 3 所示,量表的前四个因子的特征值均大于 1,说明应提取四个公因子;从方差解释的贡献率来看,有研究提出,累计方差的解释贡献率应大于 60% (Malhotra,1999),而量表前四个因子的累计方差解释贡献率为 66.299% ,符合要求;从碎石图看,量表前四个因子变动较大,图形坡度较陡,而第五个因子后曲线变得平缓,因此提取四个公因子更加合理(图 5 - 1)。综上可知,与已有量表三维度的划分法不同,本文编制的本土化老年人居住环境量表的因子分析结果显示,将居住环境评价划分为四个维度比较理想。

表 5 - 3　居住环境评价量表因子分析

成分	初始特征值			提取平方和载入			旋转平方和载入		
	合计	方差的%	累积/%	合计	方差的%	累积/%	合计	方差的%	累积/%
1	7.798	38.989	38.989	7.798	38.989	38.989	3.679	18.397	18.397
2	2.609	13.044	52.033	2.609	13.044	52.033	3.436	17.180	35.576
3	1.717	8.585	60.618	1.717	8.585	60.618	3.157	15.785	51.361
4	1.136	5.680	66.299	1.136	5.680	66.299	2.987	14.937	66.299
5	0.820	4.098	70.396						
6	0.605	3.023	73.419						
7	0.551	2.756	76.175						
8	0.543	2.715	78.890						
9	0.517	2.587	81.477						
10	0.489	2.445	83.922						
11	0.459	2.297	86.219						
12	0.438	2.189	88.407						
13	0.350	1.751	90.158						
14	0.348	1.738	91.896						
15	0.324	1.618	93.513						
16	0.297	1.487	95.000						
17	0.275	1.376	96.376						
18	0.255	1.277	97.653						
19	0.241	1.206	98.859						

注:1. 提取方法为主成分分析。
2. 主成分分析会精简因子个数,因此余下变量的计算值为空。

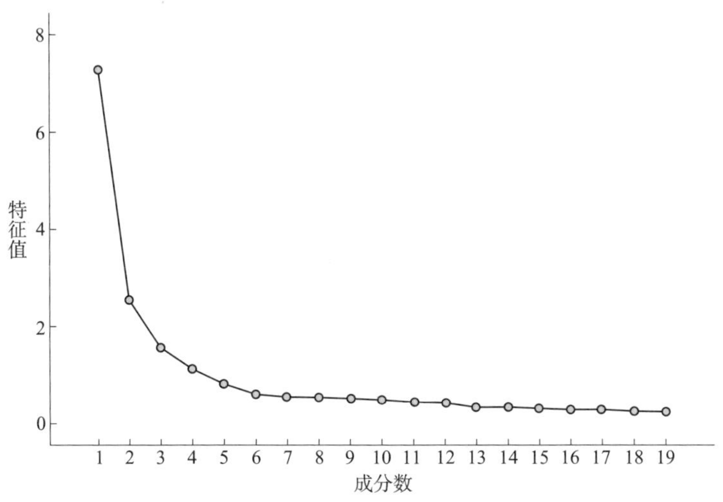

图5-1　居住环境评价量表碎石图

5.3.3　因子命名

本研究采用最大方差法(Varimax)进行因子旋转,得到各因素的负荷矩阵,结果见表5-4。共得到四个居住环境评价公因子,下面根据各自的组成,对各个因子进行命名。

5.3.3.1　住房环境

因子一由4个题项组成,题项均涉及住房环境。这与Phillips等(2010)以及L Rioux等(2011)的因子分析结果相似,借鉴其命名方法,本文也将因子一命名为"住房环境"。

5.3.3.2　社区环境

因子二由5个题项组成。包含了社区的设施环境,涵盖了能够为老年人的居住和生活带来便利的配套设施,与Phillips等(2010)的因子分析结果相似。基于此,将因子二命名为"社区环境"。

5.3.3.3　服务环境

因子三由5个题项组成,涉及社区提供的各项老龄服务,由此将因子三命名为"服务环境",包含与老年人生活密切相关的日常服务、老龄服务、文体活动组织等。

表5－4　居住环境评价量表旋转成分矩阵

测项	成分			
	1	2	3	4
1　房屋通风采光	0.826	0.148	0.148	0.080
2　房屋隔音	0.724	0.138	0.233	0.055
3　房屋面积	0.720	0.237	0.199	0.109
4　房屋户型结构	0.746	0.187	0.234	0.027
5　文体活动场地/设施	0.090	0.768	0.292	0.057
6　社区休息设施	0.176	0.779	0.308	0.053
7　社区无障碍设施	0.146	0.636	0.395	0.007
8　社区道路	0.325	0.706	0.200	0.214
9　社区户外照明	0.398	0.658	0.110	0.183
10　社区卫生	0.296	0.336	0.681	0.199
11　社区治安	0.361	0.204	0.710	0.125
12　物业服务	0.320	0.264	0.727	0.163
13　社区居委会的为老服务	0.173	0.139	0.846	0.112
14　社区组织的文体活动	0.136	0.278	0.779	0.102
15　遇到困难时附近朋友的帮助	0.026	0.074	0.144	0.728
16　遇到困难时邻居的帮助	0.010	0.005	0.105	0.779
17　与附近朋友的交流	0.087	0.146	-0.011	0.787
18　与邻居的交流	0.131	0.071	0.037	0.815
19　邻居的素质	0.083	0.098	0.160	0.719

5.3.3.4　人际环境

因子四由5个题项组成，包含了邻里交往、邻里支持等方面的内容，与L Rioux等（2011）得到的邻里关系因子相似。五个题项紧紧围绕着社区的人际关系环境，因此将因子四命名为“人际环境”。命名后的四个感知评价维度及测项组成见表5－5。

提取方法为主成分分析。

旋转法为具有 Kaiser 标准化的正交旋转法,旋转在 5 次迭代后收敛。

表 5－5　修改版居住环境评价量表

因子命名	序号	测项及原题号
住房环境	1	S1 房屋通风采光
	2	S2 房屋隔音
	3	S3 房屋面积
	4	S4 房屋户型结构
社区环境	5	S10 社区道路
	6	S11 社区户外照明
	7	F2 文体活动场地/设施
	8	F3 社区休息设施
	9	F4 社区无障碍设施
服务环境	10	S7 社区卫生
	11	S8 社区治安
	12	S9 物业服务
	13	F5 社区居委会的为老服务
	14	F6 社区组织的文体活动
人际环境	15	I2 遇到困难时附近朋友的帮助
	16	I3 遇到困难时邻居的帮助
	17	I5 与附近朋友的交流
	18	I6 与邻居的交流
	19	I7 邻居的素质

5.4 正式施测与检验

5.4.1 正式施测

经过试调查与项目检验，探索出老年人居住环境评价量表具有合理的结构，分为四个维度，包含19个测项，因此，对该量表及整个调查问卷进行大范围的正式施测，而后利用正式调查的大样本数据对量表进行信度、效度检验。

正式调查的范围为北京市六个区，采用分层抽样、PPS抽样与随机抽样相结合的方法，在朝阳区、海淀区、丰台区、东城区、西城区和石景山区共发放1 704份问卷，运用修订过的《城市老年人居住环境调查问卷》和老年人居住环境评价量表对社区内的老年人进行调查。调查方法是调查员入户调查，采用调查员提问，老年人回答，再由调查员填写答案的方式进行。正式调查共回收问卷1 682份，回收有效率为98.7%。使用SPSS19.0软件处理调查数据，利用EM法填补量表的缺失值，并进行信效度检验。之后使用AMOS 21.0软件做验证性因子分析。

5.4.2 信度检验

信度(Reliability)是指测量方法的质量，即使用相同研究技术重复测量同一个对象时得到相同研究结果的可能性(巴比，2005)。信度代表着对测量结果的确定性程度(德维利斯，2010)。度量信度的方法有很多种，比较常用的是内部一致性信度，多采用α信度和折半信度的方法来检验量表各测项的一致性程度。

Cronbach α信度。α信度是心理学研究中最常用的内部一致性信度检验。统计学家建议把0.7作为α信度的最低可接受值(Nunnally,

1978)。总量表的 α 信度系数是 0.915。分量表的检验结果表明,住房环境评价量表的 α 信度系数是 0.875;社区环境评价量表的 α 信度系数是 0.838;服务环境评价量表的 α 信度系数是 0.892;人际环境评价量表的 α 信度系数是 0.835(表 5-6)。总量表和各个分量表内部均具有较高的可靠性。

折半信度检验结果显示,老年人居住环境评价总量表的折半信度值为 0.787,四个分量表的折半信度为 0.695~0.810,说明总量表以及各个分量表的内部信度较好。

表 5-6　居住环境评价量表内部信度检验

维度	测项数目/项	α 信度	折半信度
总量表	19	0.915	0.787
住房环境评价量表	4	0.875	0.788
社区环境评价量表	5	0.838	0.695
服务环境评价量表	5	0.892	0.803
人际环境评价量表	5	0.835	0.810

注:N=1 681。

5.4.3　效度检验

效度(Validity)指的是测量准确地反映了需要测量的概念(巴比,2005)。检验的是测量工具准确度量事物属性的程度(风笑天,2001)。量表的效度越高,代表测量结果与要考察的内容越吻合。下面对量表的内容效度和建构效度进行分析。

5.4.3.1　内容效度

内容效度(Content Validity)是指测量在多大程度上包含了概念的含义。该指标关注的是项目样本的足够性问题,即构成量表的项目集反映整个内容域或全域的程度。通常是邀请熟悉该领域的专家对初步编写的全部项目逐个进行评议,并请他们就那些应该纳入而没有包括进来的内容提出建议,以便把遗漏的内容项目及时增补进来(德维利斯,2010)。本研究编制的居住环境评价量表所涉及的题项大部分来自以往的研究和实际的访谈资料,具有良好的内容效度。笔者还邀请了五位居住环境研究领域的专家对量表的测项进行研判和修改,既利用专家法进行了评定,也提升了量表的内容效度。

5.4.3.2　建构效度

建构效度(Construct Validity,又称结构效度),是指测项能够测量出理论的特质或概念的程度,这种测量是基于一个测项(量表上的得分)与其他测项之间的理论上的关系(Cronbach、Meehl,1955),即测项之间的逻辑关系(巴比,2005)。检验建构效度常用的方法是相关分析法和验证性因素分析法两种方法。

(1)相关分析法

老年人居住环境量表是针对居住环境不同维度环境状况的评估,因此从理论上讲,各维度之间应该存在相关性,现对各维度之间的相关性以及各维度与总量的相关性进行分析。

结果显示,各维度与总量表的皮尔逊(Pearsons)相关系数为 0.54 ~ 0.87,且相关很显著($P<0.01$),属于中高度相关,其中,服务环境及社区环境与总量表之间达到高度相关,住房环境与总量表之间为中度相关,人际环境与总量表的相关系数较低(表 5 - 7)。各维度之间的相关系数为 0.23 ~ 0.69,相关性均很显著($P<0.01$),属于中低度相关,从相关系数来看,社区环境与服务环境、住房环境与服务环境以及住房环境与社区环境之间呈现中度相关,而其他维度间的相关程度较弱。

表 5-7　居住环境评价量表各维度与总量表的相关系数

维度	住房环境	社区环境	服务环境	人际环境
社区环境	0.530**			
服务环境	0.550**	0.691**		
人际环境	0.233**	0.281**	0.307**	
总量表	0.784**	0.839**	0.867**	0.534**

注:1. ** 指 $P<0.01$;N = 1 681。
2. 无数据表示某一维度不必与自身做相关,因为无意义,相同两个维度相关性只计算一次。

此外,各个题项与量表总分之间也存在显著的正相关关系($P<0.01$),皮尔逊相关系数为 0.37 ~ 0.77,属于中低度相关(表 5-8)。其中,社区卫生、社区治安、物业服务以及社区道路四个题项与量表总分之间的相关系数超过 0.7,相关程度较强,而人际环境维度的五个题项与量表总分间的相关程度较弱。

表 5-8　居住环境评价量表各项目与量表总分的相关系数

条目	r	条目	r	条目	r	条目	r
1	0.640**	6	0.664**	11	0.733**	16	0.370**
2	0.619**	7	0.620**	12	0.767**	17	0.414**
3	0.667**	8	0.679**	13	0.679**	18	0.440**
4	0.643**	9	0.634**	14	0.686**	19	0.451**
5	0.711**	10	0.769**	15	0.410**		

注: ** 指 $P<0.01$;N = 1 681。

(2)验证性因素分析法

有学者建议,在理论框架形成时,应先使用探索性因素分析建立模型,再利用验证性因素分析检验该模型(李健宁,2004)。通常的做法是,用一个样本来做探索性因素分析,找出可能的因素结构,然后用另一个样本进行验证性因素分析来验证这个结构,达到交叉证实的目的,确保量表的可靠性(贾林斌,2008)。本研究在试调查时,使用探索性因素分析的方法得到了初步的因素结构,在此基础上对北京市老年人进行了大样本的正式调查。现在利用正式调查数据对量表的结构进行验证性因素分析，以验证四个公因子与相对应的测项之间的关系是否符合设计的理论关系。

本研究使用 AMOS 21.0 软件对老年人的居住环境评价的测量模型进行验证性因素分析。将四个公因子作为潜变量，共有四个潜变量——住房环境评价、社区环境评价、服务环境评价和人际环境评价。四个潜变量共由 19 个观测指标来估计，并假设四个潜变量之间两两存在相关关系。其中，观测指标用 X1 ~ X19 表示；每个观测指标的误差项为 e1 ~ e19。原始模型如图 5 –2 所示。

根据常用的拟合指数判断标准（吴明隆，2010），结果显示原始测量模型对数据的整体拟合情况较好，χ^2 = 2 409.28，df = 164，RMSEA = 0.082；CFI = 0.898；TLI = 0.890。结合表 5 –9 中各项指标的判定标准分析发现，原始测量模型除了卡方检验外，该模型的其他拟合结果勉强可以接受。为了提高模型的整体精度，可以使用修正指数（Modification Index，MI）来修正原始模型。

笔者利用 AMOS 软件生成的 MI 指数值进行分析，发现“文体活动场地/设施”与“休息设施”两个观测指标之间的残差存在相关（MI = 282.75），表明这两个测项存在较高的相关性，可以删除其中一项予以修正。修正后需重新对模型的拟合情况进行估计，如果修正使模型的卡方值明显变小，那么此次修正可以接受。根据这一步骤实施，发现删除“休息设施”测项可以使模型的卡方值降低更多，模型拟合效果更好。因此，删除“休息设施”后重新建模，得到修正模型（图 5 –3）。修正后模型的拟合程度有了明显提升，卡方值从 2 409.28 大幅降至 1 550.07，其他拟合指标也有显著提高，除了卡方检验外，其他拟合结果均能达到建议值范围（表 5 –9）。由于卡方检验对数据的样本量较为敏感，样本量超过 200 时通常卡方检验会很显著，导致模型遭到拒绝，因此研究中应主要参考其他指标来评判模型的拟合情况。本研究修正后的模型能够通过验证性因素分析的检验。

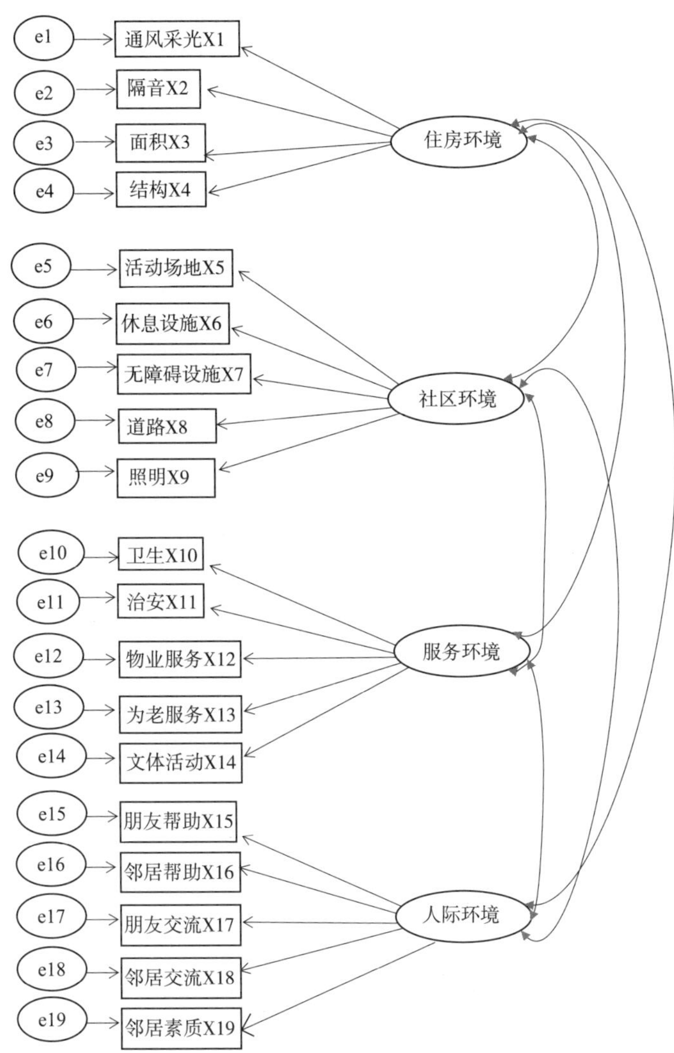

图5-2　居住环境评价量表验证的初始模型

表5-9　居住环境评价量表验证性因素分析结果

拟合指数	卡方/χ^2	自由度/df	CFI	TLI	RMSEA
判定标准	p>0.05		>0.90	>0.90	<0.08
原始模型	2 409.28	164	0.898	0.890	0.082
修正模型	1 550.07	129	0.921	0.906	0.074

注：N=1 681。

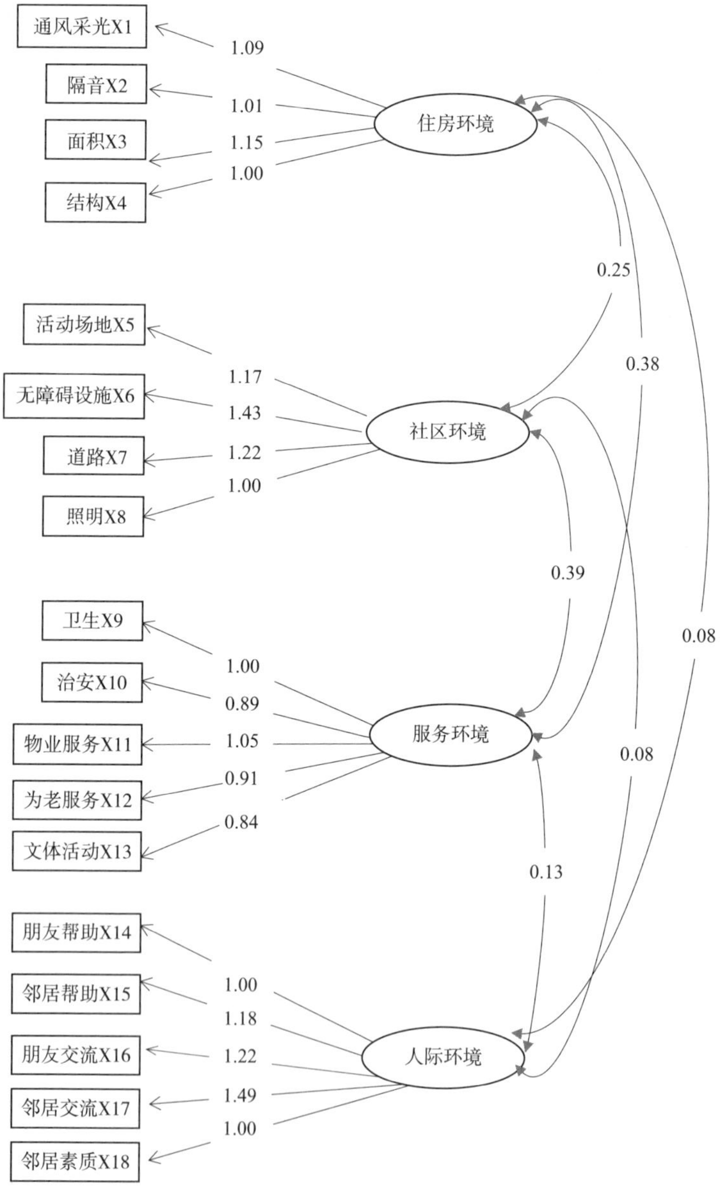

通风采光X1
隔音X2
面积X3
结构X4
1.09
1.01
1.15
1.00
住房环境
0.25
0.38
活动场地X5
无障碍设施X6
道路X7
照明X8
1.17
1.43
1.22
1.00
社区环境
0.39
0.08
卫生X9
治安X10
物业服务X11
为老服务X12
文体活动X13
1.00
0.89
1.05
0.91
0.84
服务环境
0.08
0.13
朋友帮助X14
邻居帮助X15
朋友交流X16
邻居交流X17
邻居素质X18
1.00
1.18
1.22
1.49
1.00
人际环境

图5－3　居住环境评价量表验证的修正模型

5.4.4　量表终稿的形成

笔者在前文对城市老年人居住环境评价量表经过初稿编制、量表初测、测项纯化、因子分析，得到了修改版量表，在此基础上进行正式施测，并对量表的信度和效度进行检验，证明量表是科学有效的，最后形成了量表的终稿。老年人居住环境评价量表终稿共包括四个维度18个测项，其中，住房环境评价和社区环境评价各包含4个测项，服务环境评价和人际环境评价分别包含5个测项。城市老年人居住环境评价量表终稿如表5－10所示。

表5－10　城市老年人居住环境评价量表终稿

序号	原题号	测项	评价维度
1	S1	房屋通风采光	住房环境
2	S2	房屋隔音	
3	S3	房屋面积	
4	S4	房屋户型结构	
5	S10	社区道路	社区环境
6	S11	社区户外照明	
7	F2	文体活动场地/设施	
8	F4	社区无障碍设施	
9	S7	社区卫生	服务环境
10	S8	社区治安	
11	S9	物业服务	
12	F5	社区居委会的为老服务	
13	F6	社区组织的文体活动	
14	I2	遇到困难时附近朋友的帮助	人际环境
15	I3	遇到困难时邻居的帮助	
16	I5	与附近朋友的交流	
17	I6	与邻居的交流	
18	I7	邻居的素质	

5.5 各维度评价的影响因素分析

5.5.1 量表评价得分比较

为了比较现有居住环境中各个方面的实际情况与老年人需求之间的差距，本研究计算出居住环境评价量表中各个测项的平均得分并进行比较。结果如表5－11所示，在18个测项中，得分最低的是服务环境维度中社区组织的文体活动、社区居委会的为老服务两项，平均分不足3.0分，即没有达到“一般满意”的水平，属于不满意评价；另外，物业服务、文体活动场地/设施及社区无障碍设施三项得分也比较低，平均得分均低于3.3分；相比之下，得分最高的是人际环境维度的五个题项，平均分均高于3.7分；社区户外照明、房屋通风采光以及社区道路的得分也较高，平均分都超过了3.6分。

各测项的平均得分情况表明，北京市社区服务环境中的“短板”最多，老年人对服务环境维度的评价最低，除了社区治安良好外，其他四项基础性的社区服务都很难满足老年人的需求，是现阶段居住环境中的最大问题，需要引起社会各界的充分重视。

表5－11 居住环境评价量表得分情况

序号	评价维度	测项	满意度得分 平均值(标准差)
维度一	**住房环境**		
1		房屋通风采光	3.60(1.020)
2		房屋隔音	3.32(0.962)
3		房屋面积	3.30(1.103)
4		房屋户型结构	3.41(0.946)

续表

序号	评价维度	测项	满意度得分 平均值(标准差)
维度二	**社区环境**		
5		社区道路	3.61(0.899)
6		社区户外照明	3.67(0.843)
7		文体活动场地/设施	3.29(0.989)
8		社区无障碍设施	3.10(1.141)
维度三	**服务环境**		
9		社区卫生	3.31(1.067)
10		社区治安	3.50(0.978)
11		物业服务	3.21(1.131)
12		社区居委会的为老服务	2.99(0.097)
13		社区组织的文体活动	2.94(1.052)
维度四	**人际环境**		
14		遇到困难时附近朋友的帮助	3.73(0.737)
15		遇到困难时邻居的帮助	3.71(0.816)
16		与附近朋友的交流	3.82(0.756)
17		与邻居的交流	3.81(0.860)
18		邻居的素质	3.80(0.745)

注:表中单元格内包含两个数据,其中标准差以括号括起。
N = 1 681。

5.5.2　分析框架

本章已经构建了城市老年人居住环境评价量表,并通过因子分析法将所有测项降维成四个公因子,得到四个感知评价维度。这几个维度的因子得分,能够较全面代表老年人对居住环境的评价和他们最真实的需求。然而,老年群体是一个异质性很强的群体,不同特征的老年人,对居住环境的需求和评价具有一定差异。那么,各个维度的评价受到哪些因素的影响?为了解答这一问题,需要构建多元线性回归模型,分别考察四个维度环境评价的影响因素,以期深入了解老年人需求的形成原因。

5.5.2.1　居住环境评价影响因素模型的构建

根据前文对人与环境匹配理论框架的阐述,可知老年人的个体特征、居住环境特征都会对人与环境匹配(即居住环境的感知评价)产生影响。实证研究发现,个体特征不同,尤其是不同经济水平的老年人会形成不同的居住环境偏好,而居住环境有明显差异的老年人对居住环境的需求和评价也存在差异。基于此,本节构建的线性回归模型中,考察了个体特征和居住环境特征对各维度环境评价的影响(图5-4)。

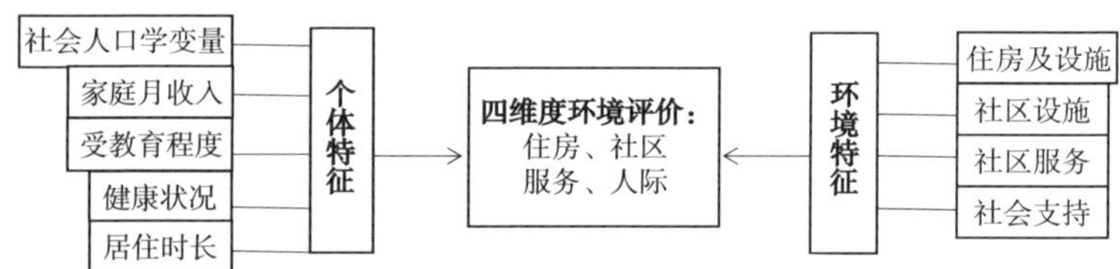

图5-4　四维度环境评价影响因素分析框架

5.5.2.2　变量的选取

(1)因变量

老年人居住环境量表包括四个维度的感知评价:住房环境评价、社区环境评价、服务环境评价和人际环境评价。利用SPSS软件可计算出标准化的因子得分,是连续型变量。将这四个因子的得分作为本节研究的因变量,采用多元线性回归的方法分析不同居住环境特征的老年人在四个维度环境评价上的差异。

(2)自变量

本节在构建模型时,考察了居住环境特征对居住环境评价的影响。四个维度环境评价涉及的居住环境内容不同,因此,笔者将居住环境特征分为四类，分别纳入四个感知评价的回归模型中。

在住房环境评价影响因素模型中加入了住房特征及内部设施变量，根据《北京市老旧小区综合整治工作实施意见》文件的精神，将建筑年代设置为2分类的虚拟变量，并将1990年之前建成的老旧住房作为参照组；在社区环境评价影响因素模型中纳入了公共设施及老龄服务设施变量，社区各类设施的配置情况，会受社区类型的影响，为了避免数据聚类效应，将在社区环境评价模型中控制样本四类主要的社区类型；在服务环境评价影响因素模型中加入小区管理及社区老龄服务相关变量；最后，在人际环境评价影响因素模型中放入不同主体对老年人的支持得分，赋值方法同第4章。

基于已有调查，本研究还将老年人的个体特征（包括年龄、性别、婚姻状况、自理能力、居住安排、受教育程度、收入以及老年人在本社区居住的年限）作为控制变量。其中，把收入和受教育程度两个变量作为衡量个体社会经济地位的指标。有研究发现，当家庭月收入在8 000元以上时，获得的住房利益最多（李斌，2009），因此本研究以8 000元为界，将老年人的家庭收入分为两类。自变量的定义、类型及赋值情况见表5－12。

表5－12　四维度环境评价影响因素模型的自变量定义

变量名	变量类型	变量含义与赋值
个体特征		
年龄	连续	年龄（岁）
性别（参照组＝女）	虚拟	男性＝1；女性＝0
教育程度（参照组＝小学及以下）	虚拟	初中＝1 其他＝0；高中及以上＝1 其他＝0
婚姻状况（参照组＝无配偶）	虚拟	有配偶＝1；无配偶（丧偶/未婚/离婚）＝0
收入（参照组＝8 000元以下）	虚拟	8 000元及以上＝1；8 000元以下＝0
自理能力（参照组＝不能自理）	虚拟	完全自理＝1；不能自理＝0
居住安排（参照组＝空巢）	虚拟	非空巢（与家人同住）＝1；空巢＝0
居住时长	连续	在本社区居住的时间（年）

续表

变量名	变量类型	变量含义与赋值
住房及设施		
住房产权(参照组 = 无产权)	虚拟	有产权 = 1;无产权 = 0
住房建筑年代(参照组 =90 年代前)	虚拟	1990 年后 = 1;1990 年前 = 0
人均住房面积	连续	家庭人均建筑面积(平方米)
住房类型(参照 = 平房)	虚拟	楼房 = 1;平房 = 0
室内卫生间(参照组 = 无)	虚拟	有 = 1;无 = 0
坐便器(参照组 = 无)	虚拟	有 = 1;无 = 0
紧急呼叫报警设施(参照组 = 无)	虚拟	有 = 1;无 = 0
燃气报警设施(参照组 = 无)	虚拟	有 = 1;无 = 0
社区类型		
普通商品房小区	虚拟	是 = 1;否 = 0
单位社区	虚拟	是 = 1;否 = 0
保障房社区	虚拟	是 = 1;否 = 0
老城区/平房社区	虚拟	是 = 1;否 = 0
社区设施		
老龄服务设施 8 项(参照组 = 无)	虚拟	有 = 1;无 = 0
社区服务		
物业管理(参照组 = 无)	虚拟	有 = 1;无 = 0
门卫/传达室(参照组 = 无)	虚拟	有 = 1;无 = 0
人车分流(参照组 = 否)	虚拟	是 = 1;否 = 0
社区老龄服务 10 项(参照组 = 无)	虚拟	有 = 1;无 = 0
社会支持		
家人/亲属帮助得分	连续	提供帮助的人数得分
朋友帮助得分	连续	提供帮助的人数得分
邻居帮助得分	连续	提供帮助的人数得分
社区工作者帮助得分	连续	提供帮助的人数得分

5.5.3　各维度环境评价的影响因素

模型1分析的是老年人个体特征对住房环境评价的影响。从表5-13的线性回归结果看,模型很显著,调整后的R方为0.094,模型解释力较好。在个体变量中,老年人的收入、居住时长和年龄对住房环境评价具有显著影响,而不同受教育程度、性别、婚姻状况、自理能力和居住安排的老年人在评价得分上均无显著差异。同时,老年人的家庭月收入对住房环境评价影响很显著,月收入在8 000元及以上的老年人对住房环境的评价得分比8 000元以下老年人高;年龄和居住时长均显著影响着住房环境评价,但是影响方向相反,年龄越大,老年人对住房环境评价的得分越高,居住时长却与住房环境评价呈现负相关关系,居住时间越长,老年人对住房环境的评价就越低。

在模型1的基础上,进一步加入住房特征及设施变量,得到模型2,住房环境评价影响因素模型的解释力度明显上升,调整后的R方达到0.194(表5-13)。回归结果表明,多项住房特征变量对住房环境评价具有显著影响。从住房特征来看,人均住房面积、住房的建筑年代、住房产权以及住房类型四个变量对住房环境评价具有显著影响,面积越大、房屋为1990年后建成的、有现住房屋产权以及住楼房的老年人比面积小、房屋老旧、租房或借住房屋以及住平房的老年人更倾向于对住房环境做出积极的评价。从住房内部设施来看,家中有卫生间的老年人住房环境评价比卫生间在住房外的得分更高。

与模型1相比,部分个体特征对住房环境评价具有显著影响。其中,年龄、家庭收入以及居住时长变量的影响依旧显著,影响方向与模型1结果相同。另外,在加入住房变量后,老年人的居住安排变量开始显著影响住房满意度,与子女或其他家人同住的老年人对住房环境的满意度得分明显高于空巢老人。

表 5-13 住房环境评价的影响因素

变量名称	模型 1（个体特征）		模型 2（个体特征+住房环境）	
	标准化系数	标准误差	标准化系数	标准误差
个体特征				
年龄	0.252**	0.004	0.241**	0.004
性别(女性)	-0.030	0.051	-0.029	0.050
婚姻状况(无配偶)	-0.010	0.073	0.065	0.072
教育程度(小学及以下)				
初中	0.005	0.086	-0.005	0.086
高中及以上	0.058	0.092	0.033	0.092
月收入(8 000 元以下)	0.142**	0.055	0.082**	0.055
自理能力(不能自理)	-0.006	0.089	-0.008	0.088
居住安排(空巢)	0.016	0.052	0.097**	0.052
居住时长	-0.230**	0.002	-0.064*	0.002
住房环境				
人均住房面积			0.124**	0.002
住房产权(无产权)			0.072*	0.082
建筑年代(1990 年前)			0.149**	0.051
住房类型(平房)			0.085*	0.043
室内卫生间(无)			0.151**	0.119
坐便器(无)			0.002	0.095
紧急呼叫报警设施(无)			-0.013	0.168
燃气报警设施(无)			0.026	0.063
常量	0.676	0.344	3.150	0.328
调整后 R 方	0.094		0.194	
F 检验值	21.159**		24.542**	

注：N=1 828，* 指 $P<0.05$，** 指 $P<0.01$。

模型3和模型4分析了社区环境评价的影响因素(表5－14)。模型3考察了个体变量的影响,模型很显著,调整后的R方为0.087。在反映个体经济能力变量中,老年人的家庭月收入水平通过了显著性检验,而受教育水平对社区环境评价的影响不显著,与月收入8 000元以下的老年人相比,收入在8 000元以上的老年人对社区环境的评价得分更高;在其他个体特征变量中,居住时长和婚姻状况两个变量对社区环境评价具有显著的影响,老年人在社区内居住时间越长,对社区环境的评价就越低,另外,有配偶老年人比没有配偶的评价更低。

模型4进一步纳入社区设施变量,社区环境评价影响模型的解释能力进一步提升,调整后的R方达到0.187,说明社区设施的普及对社区环境评价具有重要影响。在个体变量中,只有居住时长变量对社区环境评价的影响依旧显著,影响方向与模型3一致。模型考察了八项社区相关配套设施的普及情况,结果发现四项设施会对社区环境评价有显著影响。其中三项为积极影响,当老年人所在社区有室外活动场地、健身设施以及社区卫生服务中心时,老年人对社区环境的评价会显著提高。而社区有老年人日间照料中心则会对社区环境评价造成负面影响,可能的解释是老年人对日间照料中心的设施或服务并不满意。另外,两类社区的老年人在社区环境评价上具有显著差异,平房社区和保障房社区的老年人对社区环境的评价得分明显更低。

表5－14　社区环境评价的影响因素

变量名称	模型3（个体特征）		模型4（个体特征＋社区环境）	
	标准化系数	标准误差	标准化系数	标准误差
个体特征				
年龄	0.021	0.004	0.015	0.004
性别(女性)	－0.014	0.048	0.010	0.048
婚姻状况(无配偶)	－0.078**	0.070	－0.040	0.069

续表

变量名称	模型 3 （个体特征）		模型 4 （个体特征 + 社区环境）	
	标准化系数	标准误差	标准化系数	标准误差
教育程度（小学及以下）				
初中	0.031	0.083	0.012	0.082
高中及以上	0.023	0.088	0.017	0.087
月收入（8 000 元以下）	0.147**	0.052	0.065	0.052
自理能力（不能自理）	-0.003	0.086	-0.007	0.085
居住安排（空巢）	-0.020	0.050	-0.002	0.050
居住时长	-0.262**	0.002	-0.218**	0.002
社区类型				
普通商品房小区			-0.136	0.113
单位社区			-0.085	0.114
保障房社区			-0.127*	0.121
老城区/平房社区			-0.109**	0.148
社区环境				
室外活动场地（无）			0.162**	0.053
社区卫生服务中心（无）			0.075**	0.054
社区服务中心（无）			0.066	0.058
老年活动中心（无）			-0.028	0.058
老人日间照料中心（无）			-0.135**	0.059
室外休息座椅（无）			0.043	0.053
公共卫生间（无）			-0.012	0.051
健身设施（无）			0.162**	0.063
常量	0.503	0.329	0.929	0.332
调整后 R 方	0.087		0.187	
F 检验值	19.455**		24.037**	

注：N = 1970，* 指 $P<0.05$，** 指 $P<0.01$。

模型5分析了不同个体特征的老年人在服务环境评价上是否存在显著差异。从表5-15的线性回归结果看,模型5只放入个体变量的模型解释力较好,调整后的R方为0.115。在个体的经济能力变量中,老年人的月收入以及受教育程度两个变量对服务环境评价均具有显著影响。受教育程度越高、家庭月收入高于8 000元的老年人对服务环境的评价得分更高。在其他个体特征中,居住时长、年龄、居住安排以及性别变量也会对服务环境评价产生显著影响。其中,居住时长和年龄变量对服务环境评价得分产生负向作用,老年人在本社区居住时间越久、年龄越大,对服务环境的评价就越低;相较于空巢老年人,有子女及家人同住的非空巢老年人对服务环境的评价更高,可见家人是最重要的支持来源;另外,男性老年人对服务环境的评价高于女性老年人。

模型6进一步纳入老龄服务相关变量后,服务环境评价模型的解释力明显提升,调整后的R方达到0.270,说明居住环境中的服务和管理因素对老年人的服务环境评价具有较大影响。回归结果显示,在老年人的个体变量中,年龄、受教育程度、居住安排和居住时长变量依旧显著且影响方向不变,而收入变量不再显著。服务变量中,三项小区管理和两项老龄服务对老年人的服务环境评价具有显著影响。老年人所住小区有物业管理、有传达室或门卫或者实施了人车分流时,老年人的服务环境评价显著高于没有这几项管理措施的老年人。从十项社区老龄服务的知晓情况看,有上门做家务服务(即家政服务)会对服务环境评价起到显著的提升作用,而有个人照护服务对服务环境评价有负面影响。

结合第4章中北京市社会养老服务的基本情况可知,上门做家务服务的知晓率和使用率在所有服务项目中是最高的,表明现阶段老年人对家政服务类服务接受程度较高;而个人照护服务虽然知晓率较高,但是使用率却很低(相差8.3个百分点),且该项服务对服务环境评价具有负面影响,说明老年人对此项服务的内容和服务质量还不满意,个人照护服务是社会

养老服务项目中的“短板”。

表 5－15　服务环境评价的影响因素

变量名称	模型5（个体特征）		模型6（个体特征＋服务环境）	
	标准化系数	标准误差	标准化系数	标准误差
个体特征				
年龄	－0.159**	0.004	－0.229**	0.004
性别（女性）	0.050*	0.049	0.032	0.048
婚姻状况（无配偶）	－0.016	0.070	－0.017	0.069
教育程度（小学及以下）				
初中	0.096*	0.083	0.077*	0.082
高中及以上	0.155**	0.088	0.124**	0.088
月收入（8 000 元以下）	0.060*	0.053	0.125	0.052
自理能力（不能自理）	－0.043	0.086	－0.043	0.084
居住安排（空巢）	0.084**	0.050	0.067**	0.050
居住时长	－0.196**	0.002	－0.438*	0.002
服务环境				
物业管理（无）			0.249**	0.198
门卫/传达室（无）			0.220**	0.086
人车分流（否）			0.059*	0.080
个人照护（无）			－0.126*	0.143
助餐服务（无）			0.012	0.102
上门做家务（无）			0.115*	0.147
助浴服务（无）			－0.021	0.210
日间照料（无）			－0.050	0.143
短期托养（无）			0.027	0.179
上门探访（无）			0.038	0.215
康复护理（无）			－0.142	0.211
健康指导（无）			0.266	0.218
聊天/心理咨询（无）			－0.041	0.199
常量	1.607	0.329	0.116	0.316
调整后 R 方	0.115		0.270	
F 检验值	26.074**		29.887**	

注：N＝1 890，＊指 $P<0.05$，＊＊指 $P<0.01$。

模型7和模型8考察了人际关系环境评价的影响因素(表5－16)。模型7只考察了个体变量,模型的解释能力很低,调整后的R方仅为0.008。老年人的家庭月收入变量对人际环境评价具有显著影响,收入在8 000元以上者评价得分更高。在其他个体变量中,不同婚姻状况的老年人对人际环境的评价具有显著差异,有配偶的老年人对人际环境的评价比没有配偶的老年人低,可以理解为配偶是其主要支持者,没有配偶的老年人会寻求外部的人际支持,从而对人际环境做出更加积极的评价。

模型8加入四项人际支持变量后,人际环境评价模型的解释能力有明显提升,调整后的R方达到0.197。回归结果表明,在个体变量中,老年人的婚姻状况对人际环境评价不再具有显著的影响;而收入变量继续发挥显著的作用且影响方向与模型7一致;另外,性别变量也开始对人际环境评价发挥作用,男性老年人对人际环境的评价得分比女性更低。在老年人需要的时候,得到邻居、朋友帮助的人数越多,老年人对人际环境的评价就越高,相比之下,邻居帮助一项的标准系数更高,验证了"远亲不如近邻"的说法。而家人或亲属的帮助并不显著,可能的原因是家人或亲属总是会为老年人提供必要的帮助,所以对整体的人际关系评价没有影响。笔者在实地访谈中了解到,一般情况下,老年人在有困难时主要依靠家庭内部解决,很少会寻求社区工作者的帮助,所以社区的支持对人际环境评价不具有显著影响。

表5－16　人际环境评价的影响因素

变量名称	模型7（个体特征）		模型8（个体特征＋社会支持）	
	标准化系数	标准误差	标准化系数	标准误差
个体特征				
年龄	－0.039	0.004	－0.020	0.004
性别(女性)	－0.041	0.049	－0.054*	0.048
婚姻状况(无配偶)	－0.061*	0.070	－0.057	0.069

续表

变量名称	模型7（个体特征）		模型8（个体特征+社会支持）	
	标准化系数	标准误差	标准化系数	标准误差
教育程度(小学及以下)				
初中	-0.071	0.083	-0.065	0.082
高中及以上	-0.081	0.088	-0.077	0.088
月收入(8 000元以下)	0.070**	0.053	0.069**	0.052
自理能力(不能自理)	-0.024	0.086	-0.013	0.084
居住安排(空巢)	0.042	0.050	0.025	0.050
居住时长	-0.011	0.002	0.008	0.002
社会支持				
家人/亲属帮助得分			-0.008	0.018
朋友帮助得分			0.100**	0.023
邻居帮助得分			0.368**	0.019
社区工作者帮助得分			0.018	0.023
常量	2.552	0.330	1.415	0.332
调整后R方	0.008		0.197	
F检验值	2.552**		33.317**	

注：N=1 931，* 指 $P<0.05$，** 指 $P<0.01$。

5.6 本章小结

已有的老年人居住环境评价量表虽然成熟，但都是依据该地区特有的住房性质和居住环境特征构建的，不能完全照搬。因此，必须在充分借鉴已有量表的基础上，根据我国城市老年人的需求特点和居住环境的实际情况，来构建本土化的城市老年人居住环境评价量表。

本章将焦点放在如何测量老年人对居住环境的感知评价方面，通过文献法,充分借鉴了国内外相关量表的编制,与此同时利用实地调查法,总结和归纳我国城市老年人的需求特点,对已有量表进行本土化修改和补充,最终形成本研究的城市老年人居住环境评价量表,量表顺利通过信度和效度检验,表明量表具有较高的一致性和可靠性。量表为里克特五点式,共由18个测项组成,利用探索性因子分析和验证性因子分析的方法,将老年人对居住环境的感知评价划分为四个维度并进行命名,得到了四个感知评价因素:住房环境评价、社区环境评价、服务环境评价和人际环境评价。量表的确定为下一步对生活满意度影响因素的实证研究提供了工具准备。

人与环境匹配理论认为,老年人与环境的匹配程度受到老年人个体特征和环境特征的共同影响。基于此,分别以四个感知评价的标准化因子得分作为因变量构建了多元线性回归模型,探讨了以上两类因素对感知评价的影响,以期找出不同背景、不同居住环境下老年人的需求特点,为改善居住环境提供科学依据。主要结论如下。

5.6.1　老年人的社会经济特征对居住环境的感知评价有显著影响

四个维度环境的评价都受到老年人家庭月收入的显著影响,收入变量对环境感知评价的影响非常显著,在加入环境变量后,收入对两个维度环境评价的影响依旧显著。具体表现为:收入为8 000元以上的老年人对住房环境和人际环境的评价都比8 000元以下者更高。另外,服务环境评价还受到受教育程度变量的影响,老年人的受教育程度越高,对服务环境的评价就越高。

相关研究与以上研究结论一致,经济独立的老年人更倾向于对居住环境的各个方面做出正向的评价(颜秉秋等,2013),社会经济地位高的老年人通常收入水平也较高,收入对住房条件改善和居住环境评价的提高具有明显的促进作用(湛东升等,2014)。同理,学历高的老年人实际住房情况更优越，评价更好（张纯等，2013），更有可能住进条件优越的小区里，享受较好的社区服务，所以服务环境的评价也更高。

5.6.2 其他个体特征以及居住年限变量对各维度环境的感知评价有显著影响，但四个维度评价的影响因素有所区别

老年人在本社区的居住年限能够显著影响三个维度环境的感知评价，除了人际环境评价之外，对其他三个维度环境的评价均具有显著的负向影响。老年人在社区内居住的时间越久，对住房、社区及服务环境的评价得分就越低。与以往研究结论相比，居住时长变量对居住环境评价的影响方向并不一致，笔者将结合对生活满意度的影响情况来综合分析。

老年人的年龄对两个维度环境的感知评价具有显著影响。年龄越大，对住房环境的评价得分越高，但是对服务环境的评价得分却在下降。老年人的年龄与住房环境评价得分呈现显著的正相关关系，这与湛东升等（2014）的结论一致，可能的解释是年龄越大，老年人对自己多年居住的房屋产生了深厚的情感，评价也随之提高。与此同时，随着年龄的增加，老年人更希望得到社区及社会的帮助与关怀（高辉等，2015），当所在小区或者社区提供的服务不能满足老年人的实际需求时，就会产生负面的评价。

不同婚姻状况的老年人，在两个维度环境的评价上有显著差异。只纳入个体特征时，婚姻状况对于社区环境和人际环境两个维度的评价具有显著影响，表现为有配偶的老年人评价得分比没有配偶的老年人低，但是当模型进一步纳入居住环境特征后，婚姻状况的作用不再显著。可能的解释是，有配偶的老年人社区休闲活动参与程度更高，对社区环境有更高的要求和期待，如果需求没有得到满足就会产生负面的评价（姜勤等，2014），但是社区设施变量能够解释这种影响，所以我们应主要关注社区环境变量的影响。数据分析发现，有配偶的老年人社会支持总分比无配偶的老年人要低（在统计意义上显著），说明有配偶的老年人与老伴沟通较多，与其他社

会成员的交往较少，导致有配偶的老年人对人际环境评价较低。当社会支持情况被控制时，婚姻状况也就不再对人际环境评价具有显著影响。

老年人的居住安排也会显著影响到居住环境的感知评价。非空巢老年人比空巢老年人对服务环境的评价更高。这与张纯等（2013）的研究结论一致，三代、两代家庭中的老年人比起空巢老年人对居住环境的评价更高，这是因为非空巢老年人更便于获得家人日常生活的照料，对家政服务、志愿者服务等社区服务的需求较低，因此对社区养老服务的评价比空巢老年人高（白岩岩等，2013）。

老年人在两个维度环境的评价上存在着性别差异。一方面，只考虑个体特征的影响时，发现男性老年人对服务环境的评价得分比女性老年人高。有研究发现，不同性别的老年人日常活动半径和行为活动特征不同，男性老年人的活动半径更广，移动能力更强（张纯等，2007），较少参加社区组织的集体活动，所以对社区公共事物的关注度也明显更低（李宗华等，2010）。本研究认为男性老年人较少关注社区事务、对相关服务的需求较低，所以评价比女性高；另外，同时纳入个体变量和社会支持变量后，出现女性老年人对人际环境的评价比男性老年人高的现象。这与以往研究结论一致，老年人的社交网络存在性别差异，女性老年人社会支持得分更高，而男性老年人受到人际关系困扰的水平更高（张德林，2015）。

5.6.3　居住环境特征对老年人的感知评价具有显著的影响

纳入居住环境特征变量后，四个环境感知评价影响因素模型的解释力都有了大幅度提高，说明居住环境特征对于老年人的感知评价具有显著的影响。具体表现为以下几方面。

多项住房特征显著影响住房环境评价。人均住房面积越大、房屋越新（1990 年后建成）、所住房屋为自有产权、住楼房以及有室内卫生间五个住房变量对老年人的住房环境评价具有正向的影响。

服务设施显著影响社区环境评价。社区有室外活动场地、健身设施以及社区卫生服务中心设施时,会对社区环境评价产生积极影响。

小区管理及社区老龄服务显著影响服务环境评价。老年人所住的小区有物业管理、有传达室/门卫、实现人车分流、有上门做家务服务时,能显著提升老年人对服务环境的评价。但是,个人照护服务不能满足老年人的需求,导致该服务的存在对服务环境评价具有负面影响。

社会支持情况对人际环境评价具有显著影响。老年人得到邻居、朋友的帮助越多,对人际环境的评价就越高。

本章通过构建城市老年人居住环境评价量表,全面测量了居住环境各方面的现状与老年人需求之间的匹配情况,得到了四个维度环境的感知评价。那么,哪个维度环境的感知评价对老年人的生活满意度具有显著影响,哪个对于提升老年人生活满意度的贡献更大?笔者将通过下一章的研究来回答这些问题。

第 6 章

居住环境对老年人生活满意度的影响研究

Kahana 等构建的理论模型提出，居住环境通过两种方式来影响老年人的主观生活质量：一是客观居住环境特征的直接影响，二是老年人与居住环境交互作用的影响。本章首先分析老年人生活满意度的状况，之后考察上述两方面因素对老年人生活满意度的影响。接下来，检验住房性质在生活满意度影响模型中是否具有调节作用。最后，结合相关理论和访谈资料分析居住环境对老年人生活满意度的影响机制。

6.1 老年人的生活满意度状况

在调查老年人的生活满意度时，比较科学的方法是采用成熟的量表来测量。生活满意度量表（Satisfaction With Life Scale，SWLS），由 Diener（1985）创制，在国内外老年群体的研究中被广泛使用，且被国内实证研究证明具有良好的信度和效度（于晓琳等，2016；谢祥龙等，2014；訾非等，2012）。该量表题量较少，易于被访老年人回答。基于此，本研究选用该量表来测量老年人的生活满意度。本节将对该量表进行检验，并描述北京市老年人生活满意度的基本状况，为之后的影响因素分析做准备。

6.1.1 SWLS 量表检验

生活满意度 SWLS 量表包括 5 个题项，均为正向提问。分别是："在很多方面，我现在的生活跟理想很接近""我的生活条件非常好""我对自己的生活感到满意""到目前为止，我已经得到了我生命里重要的东西""如果能再活一次，几乎没有什么东西是我想改变的"。

量表采用里克特 7 点式计分法，从 1 分"非常不同意"到 7 分"非常同意"，随着分数的增加，被访者对各项表述的同意程度逐渐增强。最后，用 5 个题目的总分来衡量老年人的生活满意度水平，总分越高，代表生活满意度水平越高。下面使用"北京市老年人居住环境调查"数据对该量表做区分度和信度检验。

6.1.1.1 区分度检验

采用 27% 极端分组法对生活满意度量表进行区分度检验。首先，计算出量表 5 道题的总分，然后把总分由低到高排序，以 27% 的比例划分出高、低分组，最后进行独立样本 T 检验。经测算，低分组对应 20 分，高分组对应 26 分。检验结果显示，高分组和低分组在全部 5 道题得分上均呈现显著性的差异（$P<0.05$），说明生活满意度量表的题项在北京市调查样本中具有较好的区分度。

6.1.1.2 信度检验

Cronbach α 信度。利用 α 信度值对生活满意度量表进行内部一致性检验。检验结果显示，量表的 α 信度系数是 0.908，表明量表内部具有较高的可靠性，信度达到要求，SWLS 量表在本研究数据中的内部信度较好。

折半信度。折半信度（Split - half Reliability）又称分半信度。通常是将量表的测量结果随机地分为两半，计算两组题项之间的相关性，据此来检验数据的可靠性。统计结果显示,生活满意度量表的折半信度值为0.832,表明SWLS量表比较可靠。

6.1.2 生活满意度得分

SWLS量表是7点式量表,以4分为一般评价,5个题项的总分超过20分即为高于一般评价。对总分的计算结果表明,量表平均得分为22.40分,表明北京市老年人的评价好于一般水平。与同样采用该量表的其他老年群体的得分情况相比,本次调查的北京市老年人的生活满意度得分出入不大,且略高于其他研究的得分水平。例如,我国十城市50岁及以上人群生活满意度得分为22.18分(訾非等,2012),湖南、湖北两省60岁及以上老年人的生活满意度不到21分(谢祥龙等,2014)。

从生活满意度量表各个题项的得分情况来看,第4题"到目前为止,我已经得到了我生命里重要的东西"平均分相对较高。而与居住环境关系最紧密的第2题"我的生活条件非常好"平均分仅为4.35分,在所有题目中最低(表6-1)。那么,居住环境中究竟是哪些问题会令老年人做出较低的评价,将在后文中进一步分析。

表6-1 北京市老年人生活满意度得分

测量项	5题总分	第1题	第2题	第3题	第4题	第5题
均值/分	22.40	4.51	4.35	4.52	4.66	4.38
样本量/份	1 970	1 977	1 974	1 978	1 976	1 977
标准差/分	5.25	1.22	1.23	1.24	1.20	1.25

6.2 分析框架

6.2.1 分析框架及变量设置

本章采用多元线性回归的方法,考察居住环境对老年人生活满意度的

影响。分析框架如图6－1所示。模型将老年人的生活满意度得分作为因变量，将个体及家庭特征作为控制变量，将居住环境特征以及四个感知评价因素作为自变量。自变量和控制变量的命名及赋值情况见表6－2。

老年人的个体及家庭特征包括：年龄、性别、受教育程度、婚姻状况、自理能力、月收入、居住安排、居住时长以及近一年以来老年人及家人发生过的重大生活事件。

居住环境特征变量包括硬件环境和软件环境。硬件环境细化为：住房特征（是否拥有住房产权、住房的建筑年代、家庭人均住房面积）、住房内部设施及社区设施（包括楼房设施、小区和社区老龄服务设施）；软件环境包括社区服务和社会支持，其中，社区服务包括小区管理及社区老龄服务。以上环境特征多为虚拟变量，对照组为没有某项设施或服务。社会支持得分为连续型变量，计算方法同上文。另外，在考察环境特征对老年人生活满意度的影响时，为了避免数据聚类效应，将控制四类社区类型变量。

将住房性质作为社会分层变量，重点分析不同住房地位群体的生活满意度是否具有差异。通过前文的分析发现，商品房户的居住条件较好，因此，在设置住房性质的虚拟变量时，将商品房户作为对照组，考察其他住房群体的生活满意度得分是否显著更低。

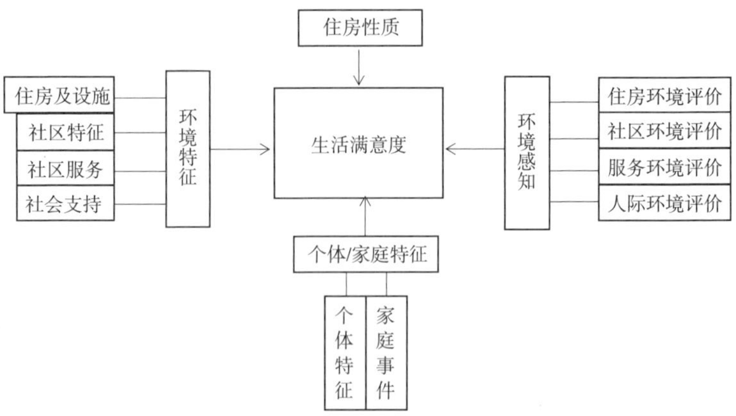

图6－1　居住环境影响生活满意度的分析框架

表 6－2　生活满意度影响因素模型的自变量定义

变量名	变量类型	变量含义与赋值
个体及家庭特征		
年龄	连续	年龄(岁)
性别(参照组＝女)	虚拟	男性＝1;女性＝0
教育程度(参照组＝小学及以下)	虚拟	初中＝1 其他＝0;高中及以上＝1 其他＝0
婚姻状况(参照组＝无配偶)	虚拟	有配偶＝1;无配偶(丧偶/未婚/离婚)＝0
收入(参照组＝8 000 元以下)	虚拟	8 000 元及以上＝1;8 000 元以下＝0
自理能力(参照组＝不能自理)	虚拟	完全自理＝1;不能自理＝0
居住时长	连续	在本社区居住的时间(年)
居住安排(参照组＝空巢)	虚拟	非空巢(与家人同住)＝1;空巢＝0
家庭变故 7 项(参照组＝无)	虚拟	有＝1;无＝0
住房性质		
住房性质(参照组＝商品房)	虚拟	单位房＝1 其他＝0;保障房＝1 其他＝0; 回迁房＝1 其他＝0;私房＝1 其他＝0
环境特征		
住房产权(参照组＝无产权)	虚拟	有产权＝1;无产权＝0
住房建筑年代(参照组＝1990 年前)	虚拟	1990 年后＝1;1990 年前＝0
人均住房面积	连续	家庭人均建筑面积(平方米)
室内卫生间(参照组＝无)	虚拟	有＝1;无＝0
坐便器(参照组＝无)	虚拟	有＝1;无＝0
紧急呼叫报警设施(参照组＝无)	虚拟	有＝1;无＝0
燃气报警设施(参照组＝无)	虚拟	有＝1;无＝0
电梯(参照组＝无)	虚拟	有＝1;无＝0
楼道照明灯(参照组＝无)	虚拟	有＝1;无＝0
入口处坡道(参照组＝无)	虚拟	有＝1;无＝0

续表

变量名	变量类型	变量含义与赋值
入口处扶手(参照组 = 无)	虚拟	有 = 1;无 = 0
门禁(参照组 = 无)	虚拟	有 = 1;无 = 0
信报箱(参照组 = 无)	虚拟	有 = 1;无 = 0
门卫/传达室(参照组 = 无)	虚拟	有 = 1;无 = 0
物业管理(参照组 = 无)	虚拟	有 = 1;无 = 0
人车分流(参照组 = 否)	虚拟	是 = 1;否 = 0
社会支持得分	连续	4 项社会支持总分
配套设施 8 项(参照组 = 无)	虚拟	有 = 1;无 = 0
社区老龄服务 10 项(参照组 = 无)	虚拟	有 = 1;无 = 0
普通商品房小区	虚拟	是 = 1;否 = 0
单位社区	虚拟	是 = 1;否 = 0
保障房社区	虚拟	是 = 1;否 = 0
老城区/平房社区	虚拟	是 = 1;否 = 0

6.2.2 各节研究内容

第三节把老年人作为一个整体,考察居住环境对北京市老年群体生活满意度的影响。第四节聚焦五类住房地位群体,分析各群体生活满意度水平及影响因素是否具有差异。

其中,第三节将检验如下研究假设。

假设 1:在控制个体及家庭变量的情况下,居住环境特征会影响老年人的生活满意度。设施和服务越完备,得到的社会支持越多,老年人的生活满意度就越高。

假设 2:老年人对居住环境的感知评价会影响其生活满意度。老年人对环境的各个维度评价得分越高,生活满意度水平也越高。

第四节将考察住房性质是否在居住环境对老年人生活满意度的影响

中发挥调节作用,细化为三个假设。

假设1:住房地位群体间的生活满意度水平存在显著差异。即在控制个体及家庭特征的情况下,住房性质变量对老年人的生活满意度具有显著的影响。

假设2:影响各个住房地位群体生活满意度的环境特征存在差异。

假设3:影响各个住房地位群体生活满意度的感知评价因素存在差异。

6.3　生活满意度的影响因素分析

生活满意度是衡量个体生活质量的重要指标。已有研究发现,老年人的生活满意度不仅受到其个体及家庭因素的影响,还会受到居住环境状况以及个体与居住环境交互作用的共同影响。通过前述的北京市调查样本的个体特征、居住环境特征以及通过因子分析法得到了老年人与居住环境匹配的四个维度,即感知评价因素,为本章的影响因素研究提供了基本素材。

本节依次构建了3个线性回归模型。第一个模型只放入老年人个体及家庭变量,分析老年人的个体变量和家庭因素对其生活满意度的影响;之后,控制个体及家庭变量,在模型中分别加入居住环境特征变量和感知评价变量得到模型2和模型3,分别考察哪些客观因素、主观感知因素能够显著影响老年人的生活满意度。

6.3.1　个体和家庭因素的影响

模型1考察了个体和家庭变量对老年人生活满意度的影响。回归结果见表6-3,模型虽然很显著,但解释能力比较弱,调整后的R方为0.062,也就是说,老年人的个体及家庭变量只能解释生活满意度变异的6%。从自变量来看,年龄、家庭月收入、居住时长以及居住安排都会对生活满意度产生显著影响。具体的影响方式为:年龄越大,老年人的生活满意度水平越高；家庭月收入在8 000元以上者比收入不足8 000元的老年人生活满意度水平更高；在社区内居住时间越久，生活满意度越低；与子女及家人同住的老年人比空巢老年人生活满意度更高。

与已有研究对比来看，年龄、收入以及居住安排对老年人生活满意度的影响方式同其他研究结论一致，即年龄越大、收入越高、非空巢的老年人倾向于做出积极的满意度评价。与其他研究结论不一致的为居住时长变量。一般认为，居民在居住环境中生活时间越长，对社区的感情越强烈，从而会提高对整体生活的满意度；本研究则发现居住时间越久，老年人的生活满意度越低。可能的解释是已有环境越来越不能满足老年人居家养老的需要。还需要接下来在生活满意度影响模型中加入居住环境变量来做进一步分析。

表6-3　个体和家庭因素对老年人生活满意度的影响

变量名称	模型1	
	标准化系数	标准误差
个体及家庭特征		
年龄	0.093**	0.040
性别（女性）	-0.020	0.413
教育程度（小学及以下）		
初中	-0.082	0.576
高中及以上	-0.022	0.636
月收入（8 000元以下）	0.111**	0.542
婚姻状况（无配偶）	-0.009	0.571
自理能力（不能自理）	-0.015	0.602
居住时长	-0.190**	0.013
居住安排（空巢）	0.088**	0.404
自己退休（无）	0.036	0.599
家庭成员亡故（无）	0.039	0.733

续表

变量名称	模型 1	
	标准化系数	标准误差
亲友亡故(无)	0.007	0.753
亲人生病(无)	-0.019	0.417
子女失业(无)	-0.013	1.008
子女离异(无)	0.007	1.553
纠纷官司(无)	-0.022	1.240
自己退休(无)	0.031	1.101
常量	20.316	1.525
调整后 R 方	0.062	
F 检验值	13.323**	

注：N = 1 917，* 指 $P<0.05$，** 指 $P<0.01$。

6.3.2　环境特征的影响

6.3.2.1　硬件环境的影响

为了考察硬件环境对老年人生活满意度的影响，在模型 2 中进一步纳入多个硬件设施及特征变量，同时控制社区类型以及老年人的特征变量（表 6-4）。为了简化模型，将模型 1 中不显著的七个家庭变故变量合并成一个变量，分为有和无两类。

回归结果发现，加入硬件环境特征后，生活满意度模型的解释能力得到提升，调整后的 R 方达到 0.107。在自变量中，虽然住房特征对老年人的生活满意度没有显著影响，但家中装有燃气报警设施会明显提升老年人的生活满意度水平；从楼宇及小区设施来看，有门禁以及有门卫或传达室，也会明显提升老年人的生活满意度水平。另外，部分社区设施也会显著影响老年人的生活满意度，当社区有老年人日间照料中心或者健身设施时，老年人的生活满意度得分明显更高，但是老年活动中心和公共卫生间两个设

施的存在会对生活满意度水平造成不利影响。可能的原因是这两项设施虽然已经建成,但其具体的配置或管理水平不能令老年人满意,从而对生活满意度造成负向的影响。

其他设施变量对老年人生活满意度的影响并不显著,包括楼房的无障碍设施。前文描述分析结果表明,老年人对电梯和楼房门口的坡道等设施改造需求比较强烈,但在回归模型中放入了多项其他设施变量时发现,楼房无障碍设施的作用已被其他变量所解释,因此,对于老年人的生活满意度并未产生显著影响。另外,控制变量中,年龄、居住时长以及居住安排变量仍然显著,影响方向同模型 1。

6.3.2.2 软件环境的影响

在控制个体及家庭因素后,在模型 3 中纳入软件环境变量(表 6-4),发现模型调整后的 R 方达到 0.223。与模型 2 相比,模型 3 的解释能力更强,说明相比硬件环境,软件环境特征对老年人生活满意度的影响作用更大。

从各变量的显著性水平和影响系数来看,小区实现人车分流能够最大限度地提升老年人的生活满意度水平;同时,社会支持人数越多,老年人的生活满意度越高;在社区老龄服务中,上门做家务及健康指导两项服务对老年人的生活满意度具有促进作用,其他八项服务对老年人的生活满意度均不具有显著的影响。这与社会养老服务发展滞后以及老年人观念上对有偿服务的接纳程度较低有关。结合第 4 章的分析发现,在所有老龄服务项目中,老年人对上门做家务服务的知晓率和使用率都比较高,而且能进一步影响其生活满意度。可见,上门做家务服务与老年人生活质量密切相关,应该予以重点发展。同时也要开展社区的健康教育工作,提升老年人的健康素养。

在控制变量中,居住时长变量依然显著,对老年人生活满意度产生负向影响。在社区类型中,单位社区和保障房社区在统计意义上显著,标准化系数为负数，表明这两类社区中老年人的生活满意度水平相对较低。

6.3.2.3　软、硬件环境的共同影响

将软、硬件环境特征变量同时加入模型4，模型的解释能力继续提升，调整后的R方达到0.241（表6-4）。此时，老年人的个体及家庭变量不再显著，这表明，软、硬件居住环境特征变量能够很好地解释老年人生活满意度的变异。

模型4的回归结果发现，加入所有环境特征变量后，包括燃气报警设施、门禁、门卫等在内的所有硬件设施变量都不再对老年人的生活满意度产生显著的影响，已被其他变量所解释，最终只有两个软环境变量能显著影响生活满意度。其中，显著性水平最高的变量为人车分流，相对于没有人车分流的小区，实现人车分流会明显提升老年人的生活满意度水平；强大的社会支持网络也会对老年人的生活满意度产生积极影响，社会支持得分每增加1分，老年人的生活满意度能够提高0.147分。

值得注意的是，在加入所有软、硬件设施变量后，单位社区和保障房社区这两类社区变量仍然显著，且标准化系数为负数，表明这两类社区中老年人的生活满意度水平明显更低，是最值得关注的群体。

表6-4　居住环境特征对老年人生活满意度的影响

变量名称	模型2（硬环境）		模型3（软环境）		模型4（全因素）	
	标准化系数	标准误差	标准化系数	标准误差	标准化系数	标准误差
个体及家庭特征						
年龄	0.091**	0.022	0.143	0.050	0.131	0.040
性别（女性）	-0.042	0.253	-0.119	0.551	-0.117	0.433
教育程度（小学及以下）						
初中	-0.088	0.440	-0.053	0.915	-0.075	0.592
高中及以上	-0.034	0.465	-0.048	0.940	-0.042	0.691
月收入（8 000元以下）	0.048	0.278	0.044	0.586	0.055	0.571

续表

变量名称	模型 2(硬环境)		模型 3(软环境)		模型 4(全因素)	
	标准化系数	标准误差	标准化系数	标准误差	标准化系数	标准误差
婚姻状况(无配偶)	0.046	0.440	0.062	0.891	0.021	0.579
自理能力(不能自理)	-0.031	0.448	0.014	0.829	0.033	0.647
居住时长	-0.110**	0.013	-0.130*	0.029	-0.043	0.018
居住安排(空巢)	0.123**	0.321	0.020	0.589	0.087	0.436
家庭变故(无)	0.019	0.312	0.030	0.694	0.007	0.593
社区类型						
普通商品房小区	0.032	0.631	-0.334	1.461	-0.319	1.550
单位社区	-0.019	0.643	-0.297**	1.366	-0.251*	1.405
保障房社区	0.012	0.671	-0.448**	1.574	-0.423*	1.690
老城区/平房社区	0.080	0.804	-0.102	2.001	-0.149	2.167
硬环境特征						
人均住房面积	0.051	0.010			0.012	0.017
住房产权(无产权)	0.044	0.459			0.005	0.734
建筑年代(1990 年前)	0.026	0.290			0.007	0.536
室内卫生间(无)	0.004	0.877			0.001	0.830
坐便器(无)	0.003	0.576			0.010	0.551
紧急呼叫报警设施(无)	0.035	0.906			0.018	0.867
燃气报警设施(无)	0.058**	0.357			0.122	0.688
电梯(无)	0.032	0.371			0.010	0.308
楼道照明灯(无)	0.023	0.791			0.030	0.758
入口处坡道(无)	0.028	0.369			0.023	0.660
入口处扶手(无)	0.035	0.299			0.027	0.524
门禁(无)	0.063**	0.309			0.040	0.540
信报箱(无)	0.026	0.527			0.055	0.524
门卫/传达室(无)	0.112**	0.275			0.009	0.542
室外活动场地(无)	0.020	0.291			0.012	0.489

续表

变量名称	模型 2(硬环境)		模型 3(软环境)		模型 4(全因素)	
	标准化系数	标准误差	标准化系数	标准误差	标准化系数	标准误差
社区卫生服务中心(无)	0.002	0.297			0.015	0.526
社区服务中心(无)	0.025	0.319			0.041	0.582
老年活动中心(无)	-0.082**	0.322			-0.054	0.597
老人日间照料中心(无)	0.079**	0.220			0.045	0.608
室外休息座椅(无)	0.034	0.298			-0.004	0.507
公共卫生间(无)	-0.076**	0.291			-0.136	0.540
健身设施(无)	0.112**	0.355			0.069	0.647
软环境特征						
物业管理(无)			0.009	1.384	0.116	0.453
人车分流(否)			0.224**	0.549	0.145**	0.570
社会支持得分			0.194**	0.068	0.147*	0.053
个人照护(无)			0.048	0.995	0.046	1.015
助餐服务(无)			0.051	0.706	0.061	0.781
上门做家务(无)			0.218*	1.036	0.146	1.126
助浴服务(无)			-0.088	1.409	-0.124	1.434
日间照料(无)			0.013	1.002	0.002	1.051
短期托养(无)			-0.002	1.254	-0.017	1.273
上门探访(无)			0.028	1.499	0.013	1.528
康复护理(无)			-0.170	1.458	-0.201	1.490
健康指导(无)			0.174*	1.444	0.203	1.505
聊天/心理咨询(无)			-0.095	1.324	-0.081	1.350
常量	17.172	2.195	16.094	4.102	15.988	6.513
调整后 R 方	0.107		0.223		0.241	
F 检验值	7.398**		4.393**		3.216**	
样本量	1 723		1 664		1 598	

注：* 指 $P<0.05$，** 指 $P<0.01$。

6.3.3 感知评价的影响

在控制了老年人个体及家庭特征后，在模型 5 中加入老年人对居住环境四个维度的感知评价因素。回归结果如表 6－5 所示，模型的解释能力较强，调整后的 R 方达到 0.260。

回归结果表明，四个维度环境的评价均会对生活满意度得分产生显著影响。比较标准系数后发现，感知评价因素对老年人生活满意度的影响作用从大到小依次是：服务环境评价、人际环境评价、社区环境评价以及住房环境评价。服务环境评价的影响系数最大，达到 0.318，而其他三个感知因素的系数比较接近，都在 0.2 左右。这明确反映北京市老年人对居住环境的需求特点——相比硬件环境，老年人更看重的是社区的服务环境，即软环境，这是关于北京市老年人总体性的结论。本研究将在下文探讨不同住房地位群体的需求特征。

另外，个体特征中，年龄与居住安排变量对老年人生活满意度具有显著的影响。影响方向均与前文环境特征模型结论相同。年龄对生活满意度具有正向影响，老年人的年龄越大，生活满意度得分越高，另外，与家人同住的老年人生活满意度得分比空巢老年人高。

表 6－5　感知评价对老年人生活满意度的影响

变量名称	模型 5	
	标准化系数	标准误差
个体及家庭特征		
年龄	0.100**	0.040
性别（女性）	－0.013	0.442
教育程度（小学及以下）		
初中	－0.102	0.581
高中及以上	－0.058	0.667
月收入（8 000 元以下）	0.005	0.580

续表

变量名称	模型 5	
	标准化系数	标准误差
婚姻状况(无配偶)	0.043	0.582
自理能力(不能自理)	0.038	0.626
居住时长	-0.034	0.015
居住安排(空巢)	0.068**	0.422
家庭变故(无)	0.016	0.563
四维度感知评价		
住房环境评价	0.201**	0.195
社区环境评价	0.208**	0.183
服务环境评价	0.318**	0.203
人际环境评价	0.235**	0.185
常量	18.900	1.780
调整后 R 方	0.260	
F 检验值	44.569**	
样本量	1 598	

注：* 指 $P<0.05$ ，** 指 $P<0.01$。

6.4　不同住房地位群体生活满意度的影响因素

通过前文的研究发现，五个不同住房地位群体间，占有的居住环境资源是不平等的，那么，是否会对老年人的生活满意度产生进一步影响，即五个群体的生活满意度水平是否存在显著差异？影响各个群体生活满意度的环境因素是否有所差异？得到以上问题的答案，就能判断出住房性质是否在居住环境对老年人生活满意度的影响中发挥调节作用，这是我们的研究目标。

6.4.1 住房性质对生活满意度的影响

在控制了个体和家庭因素的条件下，在生活满意度模型中加入了住房性质变量，以商品房户为对照组，分析住房地位群体生活满意度的差异。模型结果如表6－6所示，模型非常显著，调整后R方为0.070。回归结果发现，四个住房性质变量都很显著，表明不同住房地位群体在生活满意度水平上存在显著的差异。从标准化回归系数来看，相对于商品房户，其他住房地位群体的生活满意度明显更低。其中，单位房户和保障房户的生活满意度水平最低，分别比商品房户的满意度低0.137分和0.110分，私房户和回迁房户与商品房户的生活满意度得分差距较小。

以上发现与前文所述居住条件部分的结论具有一致性。商品房户居住条件明显好于其他住房地位群体，这种优势进一步作用于老年人的生活满意度水平。由于居住福利考察的是客观环境和主观感受两方面，因此，在老年群体中，商品房户的居住福利水平最高，而单位房户和保障房户受到较差居住条件的影响，在生活满意度水平上也处于明显的劣势，居住福利水平最低。

表6－6 住房性质对生活满意度的影响

变量名称	标准化系数	标准误差
个体及家庭特征		
年龄	0.094**	0.038
性别（女性）	－0.021	0.405
教育程度（小学及以下）		
初中	－0.085	0.562
高中及以上	－0.035	0.664
月收入（8 000元以下）	0.098**	0.539
婚姻状况（无配偶）	－0.004	0.603
自理能力（不能自理）	－0.025	0.588

续表

变量名称	标准化系数	标准误差
居住时长	-0.106**	0.015
居住安排(空巢)	0.080**	0.504
自己退休(无)	0.031	0.598
家庭成员亡故(无)	0.030	0.735
亲友亡故(无)	0.005	0.752
亲人生病(无)	-0.026	0.417
子女失业(无)	-0.015	1.006
子女离异(无)	0.005	1.581
纠纷官司(无)	-0.020	1.237
住房性质		
房屋性质(商品房)		
单位房	-0.137**	0.688
保障房	-0.110**	0.859
回迁房	-0.059*	0.765
私房	-0.073**	0.806
常量	20.821	1.698
调整后R方	0.070	
F检验值	2.931**	
样本量	1915	

注：* 指 $P<0.05$ ，** 指 $P<0.01$。

6.4.2　环境特征的影响

只有了解了哪些环境因素影响着各个住房地位群体的生活满意度，才能更有针对性地提高各个群体的生活满意度水平。利用住房性质分组后，各住房地位群体的样本量为223～685，为了确保回归的准确性，应简化自变量个数，保证每组的样本量为自变量个数的10倍以上。因此，本节在考察客观环境对生活满意度影响时，不纳入个体及家庭变量。通过上文的分析发现，10项社区老龄服务变量对生活满意度都不具有显著影响，本节将其合并为一个变量，只比较老龄服务的有或无。

另外，对楼房变量进行分别处理。由前文的分析可知，不同住房性质对应着不同的房屋类型，商品房和回迁房全部为楼房，因此照常纳入楼房环境的几个变量。考虑到单位房、保障房和私房中都有一定比例的平房样本，如果纳入楼房变量会减少有效样本量，因此在这三个住房地位群体的影响因素模型中不纳入楼房设施变量。

6.4.2.1 商品房户

客观环境变量对商品房户生活满意度的影响结果表明，回归模型非常显著，调整后的R方为0.078。自变量中，只有两个变量能够显著影响商品房户老年人的生活满意度。一是社会支持，社会支持得分每增加1分，老年人的生活满意度得分能显著增加0.132分；二是传达室或门卫，所在小区有传达室的老年人比没有的老年人生活满意度得分高0.124分。其他居住环境特征对商品房户的生活满意度并不具有显著影响（表6－7）。

6.4.2.2 回迁房户

回迁房户老年人生活满意度影响的回归结果显示，模型非常显著，调整后的R方达到0.099。在居住环境变量中，只有一个变量能够显著影响回迁户老年人的生活满意度。当所在社区有服务中心时，回迁房户老年人的生活满意度明显更高（表6－7）。

表6－7 商品房户、回迁房户环境特征对生活满意度的影响

变量名称	商品房户（N＝379）		回迁房户（N＝225）	
	标准化系数	标准误差	标准化系数	标准误差
人均住房面积	0.067	0.013	－0.102	0.024
住房产权（无产权）	0.049	0.862	0.071	2.409

续表

变量名称	商品房户（N＝379）		回迁房户（N＝225）	
	标准化系数	标准误差	标准化系数	标准误差
建筑年代（1990年前）	0.031	1.768	－0.008	1.699
室内卫生间（无）	0.005	2.074	－0.055	4.020
坐便器（无）	0.016	1.295	－0.017	1.957
紧急呼叫报警设施（无）	0.014	1.531	0.046	4.036
燃气报警设施（无）	0.047	0.545	0.081	1.065
电梯（无）	－0.043	0.769	－0.098	1.146
楼道照明灯（无）	－0.013	1.313	0.089	3.970
入口处坡道（无）	0.027	0.847	0.141	1.198
入口处扶手（无）	－0.015	0.721	－0.002	1.168
门禁（无）	0.057	0.529	0.130	1.209
信报箱（无）	0.013	0.969	－0.053	2.488
物业管理（无）	－0.095	1.140	0.145	1.595
门卫/传达室（无）	0.124*	0.586	0.031	0.895
人车分流（否）	0.069	0.554	0.038	1.003
室外活动场地（无）	－0.128	0.586	－0.106	0.959
社区卫生服务中心（无）	0.063	0.606	－0.065	1.106
社区服务中心（无）	－0.039	0.588	0.283**	1.264
老年活动中心（无）	－0.048	0.576	－0.185	1.281
老年人日间照料中心（无）	0.003	0.718	0.146	1.066
室外休息座椅（无）	－0.040	0.504	－0.024	1.084
公共卫生间（无））	－0.071	0.473	－0.037	1.056
健身设施（无）	0.026	0.654	－0.018	1.666
社会支持得分	0.132*	0.060	0.112	0.132
社区老龄服务（无）	0.092	0.506	0.007	1.309
常量	28.575	4.253	17.916	
调整后R方	0.078		0.099	
F检验值	2.231**		1.971**	

注：* 指 $P<0.05$，** 指 $P<0.01$。

6.4.2.3　单位房户

单位房户生活满意度的回归结果如表 6－8 所示。模型非常显著，且解释力很强，调整后的 R 方达到 0.244，说明纳入的客观环境变量能够较好地解释单位房户老年人生活满意度的变异。共有 7 个环境特征变量对生活满意度具有显著影响。

①人车分流，小区实行人车分流时，老年人的生活满意度较未实现人车分流的高 0.238 分；②社会支持，社会支持得分每增加 1 分，老年人的生活满意度就能提升 0.263 分；③健身设施，社区有健身设施的老年人比没有此项设施的老年人生活满意度高 0.159 分；④物业管理，所在小区有物业管理的老年人比没有物业管理的生活满意度显著提高 0.116 分；⑤室外活动场地，老年人所在社区有场地供老年人休闲、娱乐时，其生活满意度比没有场地的老年人显著高 0.093 分；⑥老年人日间照料中心，社区有该设施的老年人比没有的生活满意度高 0.087 分；⑦公共卫生间的配置也能显著影响老年人的生活满意度，但是影响系数为负，当有公共卫生间时，单位房户老年人的生活满意度明显更低。

6.4.2.4　保障房户

保障房户老年人的生活满意度回归结果显示，模型整体非常显著，解释力较强，调整后的 R 方达到 0.234，说明环境特征对其生活满意度具有较大的影响。有显著影响的自变量有 6 个（表 6－8）。

①人车分流，小区实行人车分流管理时，保障房户的生活满意度得分较未分流的高 0.288 分；②社会支持，社会支持得分每增加 1 分，老年人的生活满意度能显著提升 0.248 分；③物业管理，所在小区有物业管理的老年人比没有物业管理的生活满意度更高；④紧急呼叫报警设施，家里有该设施的老年人生活满意度比未安装该设施的老年人高；⑤门卫/传达室、社区卫生服务中心，这两项设施的影响系数均为负数，即有这两项设施时，保障房户老年人的生活满意度反而降低了。可能的解释是，这些场地或者服务

等不能满足老年人的需求。

6.4.2.5　*私房户*

通过上文分析可知,私房户的住房环境在五个群体中是最差的。但模型的回归结果表明,住房内部设施对生活满意度的影响并不显著(表 6 - 8)。显著影响私房户生活满意度的环境因素有:①社会支持,社会支持得分每增加 1 分,老年人的生活满意度得分提升 0.182 分;②人车分流,小区实行人车分流管理时,老年人的生活满意度较未分流的高 0.141 分;③社区服务中心,当社区有该项设施时,老年人的生活满意度会显著提高;④门卫/传达室,与保障房户情况类似,这项设施的影响系数为负数,即小区有门卫或传达室时,老年人的生活满意度也显著降低了。可能的解释是私房中平房较多,居住比较分散,传达室覆盖范围和服务水平受限,没有发挥老年人预期的作用。

表 6 - 8　其他三类住房地位群体环境特征对生活满意度的影响

变量名称	单位房户(N = 685)		保障房户(N = 277)		私房户(N = 223)	
	标准化系数	标准误差	标准化系数	标准误差	标准化系数	标准误差
人均住房面积	-0.070	0.012	-0.012	0.018	-0.119	0.015
住房产权(无)	0.014	0.782	0.095	0.914	0.005	0.869
建筑年代(1990 年前)	0.041	0.435	0.087	0.639	0.049	0.706
室内卫生间(无)	-0.011	1.181	0.037	2.169	0.148	1.087
坐便器(无)	-0.011	0.964	-0.022	1.185	0.092	0.944
紧急报警设施(无)	-0.015	1.462	0.123*	1.213	0.029	0.948
燃气报警设施(无)	-0.006	0.804	0.090	0.747	0.030	0.897
物业管理(无)	0.116**	0.608	0.021**	1.075	-0.026	1.162
门卫/传达室(无)	0.074	0.484	-0.173*	0.727	-0.232**	0.769
人车分流(否)	0.238**	0.538	0.288**	0.740	0.141*	1.041
室外活动场地(无)	0.093*	0.431	-0.059	0.751	0.064	0.856

续表

变量名称	单位房户（N=685）		保障房户（N=277）		私房户（N=223）	
	标准化系数	标准误差	标准化系数	标准误差	标准化系数	标准误差
社区卫生服务中心（无）	-0.051	0.465	-0.136*	0.610	0.082	0.796
社区服务中心（无）	0.054	0.491	0.036	0.716	0.190*	0.947
老年活动中心（无）	-0.051	0.515	0.096	0.712	0.043	0.810
老年人日间照料中心（无）	0.087*	0.508	0.035	0.784	-0.017	0.746
室外休息座椅（无）	-0.011	0.506	0.094	0.618	0.056	0.892
公共卫生间（无）	-0.083*	0.518	0.029	0.771	-0.060	0.989
健身设施（无）	0.159**	0.550	0.022	0.682	0.031	0.848
社会支持得分	0.263**	0.051	0.248**	0.076	0.182**	0.078
社区老龄服务（无）	0.018	1.910	0.038	0.689	0.009	1.644
常量	16.256		18.365		17.986	
调整后R方	0.244		0.234		0.111	
F检验值	11.158**		6.011**		2.680**	

注：*指 $P<0.05$，**指 $P<0.01$。

6.4.2.6 小结

综合居住环境特征对五个住房地位群体生活满意度的影响，我们可以得到如下结论。

第一，从显著影响各群体生活满意度的变量个数以及具体变量来看，五个群体对居住环境的需求存在很大差异。对于商品房户而言，增加社会支持的人数和小区设置门卫/传达室能显著提升老年人的生活满意度水平；对回迁房户来说，有社区服务中心会提升其生活满意度；与前两个群体相比，能够显著影响单位房户和保障房户生活满意度的因素最多，单位房户达到7个。其中，有3个变量涉及服务或管理，即小区实现人车分流、有物业管理以及增加社会支持人数，会显著提高单位房户的满意度；其余4个变量为设施方面的。当社区有室外活动场地、健身设施、老年人日间照料中心时，老年人的满意度水平较高；当社区有公共卫生间时则会降低单位房户的生活满意度。对于保障房户来说，有3个软环境变量和3个硬件环境变量对其生活满意度具有显著影响，分别是小区实现人车分流、有物业管理以及增加社会支持人数时会提升老年人的生活满意度，另外，在家中安装紧急呼叫报警设施也会对生活满意度的提升产生积极作用，而有传达室/门卫或社区卫生服务中心这两项设施会对保障房户的满意度产生负面影响；对于私房户而言，增加社会支持人数、小区实现人车分流以及设置社区服务中心会增加老年人的满意度水平，而小区有门卫/传达室会对私房户的生活满意度产生消极影响。

第二，五个群体对居住环境的需求也存在着共性，部分环境变量能显著影响多个群体的生活满意度（表6-9）。其中，社会支持变量的影响作用最广，除了在回迁房户的模型中不显著，其他四个群体的生活满意度都受到社会支持得分的正向影响；其次是小区人车分流和门卫/传达室，这两个变量能分别显著影响三个群体的生活满意度；小区有物业管理和社区服务中心两个变量，分别能显著影响两个群体的生活满意度；此外，有紧急呼叫设备、室外活动场地、社区卫生服务中心、老年人日间照料中心、健身设施以及公共卫生间六个因素分别能显著影响一个群体的生活满意度。

第三，从变量的影响方向来看，某些已有的社区设施（包括门卫、社区卫生服务中心和公共卫生间）会对老年人的生活满意度造成负面的影响。笔者认为，这是由于该设施本身的设置或者所提供的服务不能让老年人满意所致。实际上这涉及老年人对居住环境的感知评价，下文将分析四个感知评价因素对各个住房地位群体生活满意度的影响。

表 6 – 9　显著影响五个群体生活满意度的环境变量

变量名	影响群体个数/个	影响方向	影响群体
社会支持得分	4	正向	商品房　单位房　保障房　私房
人车分流	3	正向	单位房　保障房　私房
门卫/传达室	3	正向 1,负向 2	商品房(正)　保障房(负)　私房(负)
物业管理	2	正向	单位房　保障房
社区服务中心	2	正向	回迁房　私房
紧急呼叫报警设备	1	正向	保障房
活动场地	1	正向	单位房
健身设施	1	正向	单位房
老年人日间照料中心	1	正向	单位房
社区卫生服务中心	1	负向	保障房
公共卫生间	1	负向	单位房

6.4.3　感知评价的影响

如前所述,五个住房地位群体的经济地位迥异,居住条件也不同。他们对居住环境可能具有不同的需求,那么他们究竟更看重居住环境中的哪个维度？四个维度环境评价的优先顺序在五个住房地位群体中是否一致?为了解答这个问题,本节构建了五个线性回归模型,将老年人的生活满意度得分作为因变量,以四个维度环境评价的因子得分作为自变量,分别考察四个感知评价因素对各个群体生活满意度的影响。

6.4.3.1　*商品房户*

四个感知评价因素对商品房户生活满意度的影响模型如表 6 – 10 所示。总的来看,模型的解释能力较强,调整后的 R 方达到 0.166。在感知评价因素中,除了社区环境评价之外,其他三个感知因素均对老年人的生活满意度具有显著影响。比较标准化系数后发现,服务环境评价的影响最大，当服务环境评价因子得分提高 1 个单位时，老年人的生活满意度得分会增加 0.293 个单位。同时，住房环境评价和人际环境评价也对商品房户的生活满意度产生显著的正向影响。可见，要提升商品房户的生活满意度，应该优先改善服务环境质量，提升老年人对社区服务环境的评价。

6.4.3.2　单位房户

单位房户生活满意度的回归模型解释能力更高，调整后的 R 方达到 0.282（表 6－10）。结果发现，四个维度感知因素都会对单位房户老年人的生活满意度产生显著的正向影响。比较标准化系数后发现，服务环境评价对单位房户生活满意度的影响最大。当服务环境评价因子得分提高 1 个单位时，老年人的生活满意度得分会增加 0.358 个单位，其次是人际环境评价，第三位的是社区环境评价，影响较小的是住房环境评价。以上分析表明，对于单位房户老年人而言，提升服务环境评价是改善其生活质量的主要途径。

表 6－10　商品房户、单位房户感知评价对生活满意度的影响

变量名称	商品房户（N＝346）		单位房户（N＝691）	
	标准化系数	标准误差	标准化系数	标准误差
个体及家庭特征				
年龄	0.144**	0.073	0.126**	0.071
性别（女性）	－0.017	0.929	－0.011	0.450
教育程度（小学及以下）				
初中	－0.147	1.432	－0.070	0.712
高中及以上	0.088	1.373	－0.062	0.752
月收入（8 000 元以下）	0.011	0.992	0.054	0.454
婚姻状况（无配偶）	0.046	1.479	0.034	0.566
自理能力（不能自理）	0.050	1.826	0.027	0.739
居住安排（空巢）	0.052	0.848	0.077*	0.450
居住时长	－0.047	0.046	－0.085*	0.026

续表

变量名称	商品房户（N=346）		单位房户（N=691）	
	标准化系数	标准误差	标准化系数	标准误差
感知评价因素				
住房环境评价	0.231**	0.525	0.208**	0.329
社区环境评价	0.092	0.421	0.228**	0.316
服务环境评价	0.293**	0.647	0.358**	0.333
人际环境评价	0.182**	0.395	0.252**	0.336
常量	25.948	5.288	16.020	2.009
调整后 R 方	0.166		0.282	
F 检验值	6.142**		20.140**	

注 * 指 $P<0.05$ ，** 指 $P<0.01$。

6.4.3.3 保障房户

感知因素对保障房户生活满意度的影响结果如表6-11所示。模型的解释能力较好，调整后的R方达到0.238。在加入感知因素后，老年人的个体因素不再显著，已经被感知因素解释了。四个维度感知评价因素都会对保障房户的生活满意度产生显著的正向影响。比较标准化系数后发现，住房环境评价对保障房户生活满意度的影响作用最大，当住房环境评价因子得分提高1个单位时，老年人的生活满意度得分会增加0.286个单位。此外，提升人际、服务和社区环境评价对保障房户的生活满意度也有积极的影响。这说明，提高保障房户生活质量时，要首先改善其住房环境。

6.4.3.4 回迁房户

感知评价因素对回迁房户生活满意度的影响模型如表6-11所示。模型的解释能力较强，调整后的R方达到0.221。在个体因素中，婚姻状况变量会影响到回迁房户的生活满意度，有配偶的老年人生活满意度更高。在四个感知评价因素中，除了住房环境评价之外，其余三个维度环境的感知因素都会显著影响回迁房户的生活满意度水平。其中,服务环境评价对回迁房户生活满意度的影响力最大,社区环境评价和人际环境评价对其生活满意度的影响较小。这说明,提升服务环境评价是提高回迁房户老年人生活满意度水平的关键。

6.4.3.5　私房户

私房户老年人的生活满意度影响因素如表 6 – 11 所示。回归模型的解释能力较强,调整后的 R 方达到 0.245。在控制了老年人的个体及家庭因素后,四个维度的感知评价都对私房户的生活满意度具有显著的正向影响。比较标准化系数后发现,与保障房户的情况类似,住房环境评价对私房户的生活满意度影响最大,影响力第二位的是服务环境评价,排在第三位的是人际环境评价,社区环境评价对私房户生活满意度的影响最小。为了提升私房户老年人的生活满意度水平,应优先改善其住房环境质量。

表 6 – 11　其他三类住房地位群体感知评价对生活满意度的影响

变量名称	保障房户(N = 275)		回迁房户(N = 191)		私房户(N = 208)	
	标准化系数	标准误差	标准化系数	标准误差	标准化系数	标准误差
个体及家庭特征						
年龄	–0.028	0.113	0.152	0.054	0.020	0.097
性别(女性)	–0.056	1.040	0.019	1.418	–0.033	1.155
教育程度(小学以下)						
初中	–0.095	1.423	–0.101	1.764	–0.055	1.360
高中及以上	–0.051	1.691	–0.030	2.746	0.007	1.605
月收入(8 000 元以下)	–0.082	1.822	–0.049	2.207	0.110	1.900
婚姻状况(无配偶)	0.027	1.352	0.160*	2.020	0.053	1.448
自理能力(不能自理)	–0.120	1.579	–0.034	1.980	0.084	1.418
居住安排(空巢)	0.088	1.061	0.010	1.483	0.062	1.063
居住时长	0.069	0.037	–0.055	0.056	0.125	0.029

续表

变量名称	保障房户（N＝275）		回迁房户（N＝191）		私房户（N＝208）	
	标准化系数	标准误差	标准化系数	标准误差	标准化系数	标准误差
感知评价因素						
住房环境评价	0.286**	0.453	0.066	0.649	0.312**	0.301
社区环境评价	0.209**	0.461	0.277**	0.655	0.160*	0.327
服务环境评价	0.260**	0.516	0.373**	0.649	0.291**	0.335
人际环境评价	0.270**	0.419	0.210**	0.672	0.224**	0.285
常量	25.690	4.578	15.642	5.379	12.031	6.319
调整后 R 方	0.238		0.221		0.245	
F 检验值	8.174**		5.435**		2.333**	

注：* 指 $P<0.05$，** 指 $P<0.01$。

6.4.3.6 小结

综上分析，以上五个生活满意度影响因素模型的解释能力都很高，说明老年人对居住环境的感知评价能够显著地影响各住房地位群体的生活满意度。进一步对比后发现，对于每个群体而言，四个感知评价因素的重要性存在一定的差异。其中，商品房户、回迁房户和单位房户的生活满意度受服务环境评价的影响最大，这与老年人总体的需求特征是一致的。而保障房户和私房户的需求特点有所不同，这两个群体的生活满意度主要受到住房环境评价的影响。

结合前文居住条件部分的结论，可以总结出一个规律，即客观居住条件与主观感知之间具有很强的对应性，居住条件的“短板”在哪里，该维度的感知因素就会对生活满意度起决定性作用。一方面，保障房户和私房户的住房条件都处于较差的水平，几乎在各个方面排名最末，所以其生活满意度主要取决于住房环境评价。例如，与其他住房地位群体相比，保障房户的住房问题有产权自有率最低、室内卫生间覆盖率最低、住房老旧、自评住房有不适老问题的比例最高等;私房户存在的住房问题是平房比例最高,人均住房面积最少,坐便器拥有率最低,有室内卫生间的比例较低等。另一方面,单位房户在服务环境方面问题突出,所以生活满意度主要受制于服务环境评价。通过前文分析可知,单位房户的服务环境存在以下问题:在五个住房地位群体中,其小区物业服务覆盖率、人车分流比例、传达室的配置率以及社区老龄服务的知晓率等方面,都排在最末位。

6.5　影响机制分析

6.5.1　能力—压力视角

从上文的分析可以发现,客观环境特征对老年人生活满意度的影响力有限,某些已有的服务设施反而对生活满意度产生负面作用,可见,仅凭“有/没有”这个单一指标已经不能很好地解释环境对老年人生活质量的影响。人与环境匹配理论提示我们,环境对个体生活质量的影响,主要是由客观环境与个体需求或偏好的匹配程度来决定的,如果环境满足老年人的需求,就会产生正向的结果,如较高的生活满意度。实际上,能力—压力模型能够从根本上解释这种匹配机制的形成。该模型的基本理念是“能力强的人能够承受高压力环境,而那些不能承受这样压力的人将很难适应环境”,如果要达到个人与环境的匹配,拥有正向的主观感受,个体的能力必须超过或等同于环境的压力,即环境对个体的要求(Lawton 等,1973)。

6.5.1.1　高压力和低压力环境

能力—压力模型提出,当老年人的能力变差的时候,就会形成高压力环境,如果居住环境中的设施和服务一直没有改善,个体可能出现崩溃的行为或心理感受,直接导致对居住环境的满意度降低,影响老年人及照料者的生活质量。而当个体的能力远远超过环境压力时,即处于低压力环

境，个体则会产生无聊等负面感受。只有个体的能力与居住环境的压力相匹配时，二者的互动关系良好，才会产生积极的心理感受，如较高的生活满意度或主观幸福感。

本研究通过定量分析发现，居住年限对三个维度环境的感知评价以及生活满意度都具有显著的负向影响，即居住时间越久，老年人与环境之间的匹配度越差，居住环境越来越不能满足老年人的需求。笔者在北京市对老年人进行入户访谈时也深切体会到，随着老年人年龄的增加，老年人的能力会明显变差，已有的居住环境对其形成了高压力环境。高环境压力如访谈案例 23 所示。

案例描述 23：冯某，女，74 岁，北京和平里社区。

“我老伴中风过，从那以后没法说话，走路也不太方便了，都是我来照顾，家里就我们老两口。现在觉得家里的卫生间和厨房都太小，卫生间的马桶应该设计得大一点，老伴用着才方便。楼里的楼梯扶手设计不合理，整个都是单面扶手，在拐弯的地方没有（扶手），老伴上下楼很不方便。我们是空巢老人，自己要是生病了，家里都没人下床开门，但是又不愿意把钥匙交给别人。我想着社区能不能建立一种制度，有人专门负责打电话了解空巢老人的情况，及时发现问题。”

当老年人的年龄较低、健康状况较好、精力充沛时，居住环境如果在社会参与方面的设施和服务配备不足，就会形成低压力环境。此时，应通过提高环境对个体的要求，即压力来改善其生活质量。可提供更多的环境资源来满足低龄、健康老年人的个性化需求，如开展志愿者活动或者鼓励老年人参加文体活动等，以激发老年人的潜能，实现个人价值。低环境压力如案例 24 所示。

案例描述 24：迟某，女，66 岁，烟台市长生社区。

“我以前在下面县城当老师，退休了就来市里住在儿子家，在这儿住了快 10 年了。孙女 15 岁，我平时也没什么事，就打打腰鼓，晚上跳跳广场舞，有时也用健身器材。在这儿我有很多喜欢文艺的朋友,经常一块活动。对生活环境总体挺满意,但是这个小区没有老年人活动的地方,也没有专门的老年活动室,我觉得这点不太好。"

6.5.1.2　降低环境压力

随着年龄的增加,老年人的生理等方面的能力逐渐下降,对环境的适应性也越来越差。部分老年人没有被动接受能力下降这一事实,通过主动改造居住环境来尽可能地降低环境压力,使个体能力与环境压力之间达到新的平衡,如以下案例 25 ~27 所述,案例 25 是由老年人的家庭成员主动进行住房适老化改造;案例 26 是通过单位及政府(街道)提供的适老化改造来消除环境障碍;案例 27 是通过邻里或社区居委会的帮助,为老年人营造良好的服务环境,从而维持能力与压力之间的平衡。

案例描述 25:史某,男,90 岁,北京陶然亭街道。

"我有心脏病、糖尿病、高血压、哮喘,基本不出门,因为心脏病经常摔跤,以前和老伴一起住老年公寓,住过一年半,但是因为食堂地滑摔跤了,还住院了,出院以后儿子就把我们接回家住了。现在的房子是儿子的,100 多平方米,儿子怕我们摔跤,把家里地板都换了,洗手间也换了防滑进口瓷砖,门改成推拉门。住儿子家以后就没再摔倒过。"

案例描述 26:李某,女,86 岁,北京陶然亭街道。

"老伴是离休干部,平房回迁的,73 平方米。住进来之前单位已经给洗手间安装好了扶手和洗澡椅,很方便、很省心,单位还给安装了紧急呼叫 120 的设备,不过我们没用过。街道给厨房安装了天然气报警系统,特别管用。总的来说,房子住着挺好,就是楼房门口没有坡道,现在有台阶很不方便,没法用电动轮椅。"

案例描述 27:李某,女,81 岁,北京陶然亭街道。

"我自己住,老伴去世了,三个儿子轮流过来看我。我有梅尼埃病,还有颈椎病、脑梗,腿走不了道。街坊邻居都特别好,二十多年的老街坊了,要是我有事,都愿意过来帮忙。居委会也很照顾我,过年过节给我送菜,春节给我送饺子,春节前来人搞卫生。”

综上所述,能力—压力视角提示我们,要提升老年人的生活满意度,最根本的是要让居住环境的压力与老年人的能力相匹配,达到个体能力略高于环境压力的最佳状态。为此,在老年人能力降低之前,就应及时消除硬件环境的障碍,并注意为老年人提供他们需要的社会支持和社区服务,以便及时弥补老年人能力的不足,实现能力与压力的动态平衡。

6.5.2 相对剥夺视角

个体所处的住房地位是在宏观社会结构和制度变迁等因素的动态变化中逐渐形成的。相对剥夺是一种相对化的感觉,当人们将自己的处境与某种参照物相比较而发现自己处于劣势时所产生的消极感受,并进而导致对生活不满意等。基于此,笔者认为,不同住房地位群体间生活满意度水平的差异,是由相对剥夺感造成的。具体而言,各群体相对剥夺感的形成原因主要有以下三个方面。

首先,不同住房地位群体间的住房利益分配是不平等的,这是导致相对剥夺感的最根本原因。那些在住房改革中获利较多的居民更有能力进入商品房市场,而获利较少或者没有参加住房改革的居民,则会在城市发展中处于不利的位置。例如,私房户和保障房户等住房地位群体则没有享受分房带来的福利,只能通过家庭自有的房屋,或者向国家申请保障性住房等方式来解决居住问题。

其次,随着大城市房价的上涨使得住房资产化分割效应明显,进一步加深了住房地位的不平等程度。商品房户、回迁房户的房产自有率高,易于变现。而保障房户、单位房户和私房户的房屋自有率低,住房条件较差,所以对于部分老年人而言,住房作为资产保值增值的效用大打折扣,加剧了他们对住房利益分配不公平的不满。

最后，住房周边公共资源的分布在不同住房地位群体间也是不均衡的，直接影响老年人的居住体验。商品房和回迁房比较新、面积大、配套设施完善、管理优良，而单位房、保障房和私房大多比较老旧，小区管理水平、社区配套和服务都比较差。因此，与商品房户等条件较好的住房地位群体相比，单位房户和保障房户群体难免有不平衡感。

从定性访谈可以窥见形成相对剥夺感和不满心理的缘由。如案例28所示，这位老年人既没有享受到分房，也未及时购买回迁房，晚年只能独居在狭小的平房内，产生失衡的消极感受。

案例描述28：孙某，女，69岁，北京陶然亭街道。

"我没结过婚，无儿无女，以前是售货员，退休工资每月3 100元，身体不好，病很多，有残疾证，每月多补给100元。我没赶上单位分房，十几年前这里拆迁，交16万元能分到一套回迁房，但是当时自己没那么多钱，以为租房便宜就租房，结果租金越来越贵也租不起了，过了三年就买了这个小屋（私房），这个房面积就8平方米。"

即使是分到房的老年人，由于单位性质等原因，享受到的住房利益也有很大差异。总而言之，这种剥夺感是相对的，即使保障房户、私房户等群体经过自己的努力，居住状况已有所改善，但如果改善的程度低于其他获利较大者，还是会心生不满。

案例描述29：耿某，男，84岁，北京陶然亭街道。

"本来我在老家是事业编，调来北京以后被外派到物业公司，就变成企业编，退休金一个月4 100元。房子只分到了54平方米，现在我跟老伴身体都不好，老伴长期卧床，大小便都得别人管。房子这么小，保姆都请不来，人家要求有单间，住不开。"

老年群体在生命早期遭遇的不平等会延续到晚年，且不平等的程度会逐渐加深（成梅，2004）。不同住房地位群体间经历的住房利益分配、居住条件等方面的不平等和累积劣势会在老年期逐渐加深，直至对生活满意度产生负面效应。基于以上分析，本研究认为，不同住房地位群体在生活满意度水平上的差异，是由包括住房本身在内的居住环境资源占有的不平等所导致的相对剥夺感和消极情绪的体现。

6.5.3 居住环境的整体性

结合描述分析和回归分析的结果可以发现，诸多环境要素是作为一个整体对老年人的生活质量发挥作用的。以楼宇设施为例，通过前文的分析发现，加装电梯和楼房门口坡道改造是老年人最需要的楼房改造项目，笔者在定性访谈中了解到，多位老年人提及楼房出口处台阶不便、楼层太高、上下楼难等问题，并表示希望政府为所在的楼房加装电梯。但本章的回归结果发现，楼房是否有电梯和坡道并不会对老年人的生活满意度产生显著影响。本研究认为，原因有两方面：一是电梯或坡道对老年人生活满意度的影响被其他更重要的变量所解释了，如硬件环境特征的影响结果表明，楼房门禁、小区传达室以及社区健身设施等会显著影响老年人的生活满意度水平；二是老年人会适应或者主动选择环境，健康状况尚可的老年人对有无电梯和坡道具有较强的适应性，而行动不便的老年人往往已经通过房屋置换等方式主动解决了下楼难的问题，实际上，北京市真正需要加装电梯的老年人家庭只占三分之一。①

在生活满意度影响模型中同时加入软、硬件环境变量后，所有的硬件设施或住房特征变量都不再显著，最终只有两个软件环境变量对老年人的生活满意度具有显著的影响。这说明，硬件环境要素对老年人生活质量的作用已被软件环境要素所解释。软环境与硬环境的诸多要素间互相补充，共同发挥作用。

从区分住房地位群体来看，单位房户和保障房户的生活满意度得分最

---

① 李强2017年在清华大学老龄社会研究中心成立大会暨应对老龄问题学术研讨会发表的主旨演讲——《居家养老服务体系的构建——基于清河实验的实践与思考》。

低，私房户居中。那么，居住环境特征是如何发挥作用而在各群体间形成差异化的生活满意度水平？从硬件环境来看，单位房户、保障房户和私房户的住房条件和外部设施都比较差。其中，单位房最大的问题是住房老旧，保障房的问题是卫生间、照明灯等设施拥有率低，而私房中平房占比高、住房面积小。如果仅从硬环境的情况来判断，私房户的生活满意度应该是最低的，但结论并非如此。结合软件环境的条件可以发现，单位房户和保障房户的软环境条件明显比私房户差，具体表现为所在小区的管理水平很差且社区老龄服务缺乏。而私房户所在社区的老龄服务比较丰富，在一定程度上能够弥补硬环境的不足，从而提升老年人的整体生活满意度。一项北京市老年人居住环境的实证研究也得出了相似的结论，旧城平房社区的老年人对社区满意度最高，虽然比起单位社区和混合社区，平房住户对住房评价较低，但对社区氛围（邻里关系、交往空间等）评价很高（张纯等，2013）。

以上分析表明，居住环境作为一个整体，各个软、硬件要素之间能够互相配合，互相补缺。私房户虽然住房条件差，但通过服务环境的弥补，能有效降低整体环境的压力。因此，针对老年人居住环境某个维度中存在的问题，应该注意及时利用其他维度的环境要素进行弥补，把握要素间的配合是非常重要的，能够使居住环境整体状态维持在一个较高的水平上，从而保证居家养老老年人的生活质量。

6.6　本章小结

本章是全文的主体部分，探讨了居住环境对老年人生活满意度的影响因素和影响机制。另外，基于社会分层理论，考察了不同住房地位群体生活满意度水平及影响因素的差异。本章的主要结论如下。

6.6.1　居住环境制约着老年人的生活满意度水平

本研究采用比较成熟的SWLS量表来测量老年人的生活满意度。该量

表通过了区分度检验和信度检验。经计算,老年人的生活满意度平均得分为22.40分,略高于其他调查中老年群体的满意度得分。在量表的五个测项中,得分最低的是“我的生活条件非常好”,反映老年人对居住环境的需求尚未完全得到满足。

6.6.2 居住环境特征显著影响老年人的生活满意度

前文通过实证研究验证了研究假设1和假设2,即控制个体及家庭变量后,老年人的生活满意度由客观居住环境特征以及老年人对居住环境四个维度的感知因素共同决定。与只纳入个体家庭特征的模型相比,加入居住环境特征或者感知因素变量后,回归模型的解释能力有了大幅度提高。说明居住环境对老年人的生活满意度具有显著影响,且影响力较大。其中,具有显著影响的自变量以及与其他研究结论的对比情况如表6-12所示。

(1)个体及家庭因素

不同年龄、收入、居住安排以及居住年限的老年人在生活满意度得分上具有显著差异。年龄越大、与配偶的月收入超过8 000元、与子女同住以及在本社区居住时间较短的老年人,更倾向于做出积极的生活满意度评价。与已有研究结论不一致的为居住时长变量,结合居住环境特征的影响可以推测,随着居住时间的增加,居住环境状况越来越不能满足其需求,造成居住时长对生活满意度产生负面影响,在放入居住环境相关变量后,该变量不再对老年人的生活满意度具有显著影响。

(2)居住环境特征

当软件环境特征变量加入模型后,解释能力明显高于硬件环境。可见,对于客观居住环境特征而言,软件环境要素对老年人生活满意度的影响更大。当生活满意度影响模型中同时加入软、硬件环境变量后,最终发挥显著影响的只有两个软环境变量:小区实行人车分流的老年人生活满意度较高；老年人得到的社会支持人数越多，生活满意度水平越高。另外，两类社区的老年人在生活满意度得分上具有显著差异，单位房社区和保障房社区的老年人生活满意度水平明显更低。

表 6－12　老年人生活满意度影响因素分析结果

变量	研究结论	与其他研究对比	解释
个体/家庭特征			
年龄	正向	与多数研究一致	年龄成熟效应
家庭月收入	8 000 元以上 > 8 000 元以下	一致	充足的物质保障会增加老年人的生活满意度水平
居住安排	非空巢 > 空巢	与部分研究一致	同住子女的支持能提升老年人的生活满意度
居住时长	负向	不一致	对居住环境不满意，在加入居住环境特征后该变量不再显著
居住环境特征			
人车分流	是 > 否	—	根据实地访谈而设置的变量，证明车辆管理和步行环境的安全十分重要
社会支持得分	正向影响	一致	健全的社会支持网络对老年人的生活满意度具有正向影响
环境感知因素			
四维度评价	服务环境 > 人际环境 > 社区环境 > 住房环境	—	自变量表得到的维度，结论是新发现

(3) 四维度环境的感知评价

四个感知因素对老年人的生活满意度都具有非常显著的影响，这个结论具有重要的意义。实践意义在于通过改善居住环境，提升居住环境满足老年人需求的程度，能够有效提升老年人的生活满意度水平。理论价值在于提醒我们人与环境匹配理论对于我国城市老年人居住环境研究具有很好的指导意义。

就总体老年人而言,感知评价因素对生活满意度影响的作用从大到小依次是:服务环境评价、人际环境评价、社区环境评价和住房环境评价。这表明,当前北京市老年人居住环境中最需改善的是服务环境,应该从老年人需求的角度出发,切实提升社区基础服务的水平,这是北京市老年宜居社区建设的关键所在。

6.6.3 住房性质在生活满意度影响模型中发挥调节作用

通过前文分析发现,五种住房地位群体在社会经济地位和居住条件上具有明显差异,基于已有研究,推测各群体对居住环境的需求具有差异,进而提出假设:住房性质在居住环境对生活满意度的影响中具有调节作用。本章第四节的研究验证了这一假设。

不同住房地位群体的生活满意度水平具有显著差异。控制老年人个体及家庭变量后,发现住房性质对生活满意度具有显著的影响。五个群体的生活满意度水平由低到高依次是:单位房户、保障房户、私房户、回迁房户和商品房户。结合第4章的结论可知,从客观居住条件和主观生活满意度水平两方面来看,住房地位群体间的居住福利存在着分化与不平等。

影响各个住房地位群体生活满意度的环境因素存在差异。客观居住环境显著影响各群体生活满意度的变量个数以及具体的变量都存在差异。从模型的解释能力来看,单位房户与保障房户两个模型解释力都超过了20%,明显高于其他群体;从显著影响生活满意度的变量个数来看,影响单位房户与保障房户生活满意度的环境变量个数较多,商品房户和回迁房户的个数最少。这说明,单位房户与保障房户所处的居住环境存在较多问题,这两个群体的生活满意度不高,很大程度上是受到了居住环境中不适老问题的影响。

从感知评价因素的影响来看,保障房户和私房户的生活满意度主要取决于住房环境评价，其余三个住房地位群体则与老年人总体情况一致，受到服务环境评价的影响最大。总之，客观居住条件上的“短板”会制约生活满意度水平的提高。例如，保障房户和私房户的住房条件较差，住房环境评价就会对其生活满意度产生决定性影响。

6.6.4　影响机制

本章利用定性访谈资料，从人与匹配理论中的能力—压力视角、社会学的相对剥夺视角以及居住环境要素的整体性三个方面，剖析了居住环境对老年人生活满意度的影响机制。分析发现，为保证老年人拥有较高的生活满意度，不但要使个体的能力与居住环境的压力始终保持在一个比较平衡的状态，而且要尽量消除住房地位较低群体的相对剥夺感和失衡感，另外还应注意居住环境各要素的相互配合、相互支撑，最大限度地发挥居住环境中的优势要素，来有效弥补其他问题和不足。

第7章

结论与建议

7.1 主要结论

生活满意度是老年人对整体生活状况的主观感受,而居住环境与其生活质量密切相关。回顾已有文献后发现,从主观评价的角度开展研究,是厘清居住环境与老年人生活满意度之间关系的突破口。为了准确把握老年人的需求特征以及对于居住环境各个方面的评价,笔者专门编制了“北京市老年人居住环境调查问卷”及“老年人居住环境评价量表”,并实施了调查。

本文形成了本土化的城市老年人生活满意度影响的理论分析框架。结果发现,老年人的生活满意度受到居住环境的显著影响。部分居住环境特征以及老年人的需求与居住环境现状之间的匹配程度(即感知评价因素)都会影响其生活满意度。与此同时,住房性质在模型中发挥着调节作用,在老年群体内部,五类住房地位群体的生活满意度水平不同,各群体对居住环境的需求也存在差异。

实证研究证明,老年宜居社区建设意义重大。改善居住环境、提高老年人的评价,对提升居家养老老年人的生活满意度具有积极的、正向的作用,应充分认识到居住环境在社会福利和人类幸福中的作用。具体的研究结论如下。

7.1.1　老年人居住环境存在不适老问题

北京市老年人居住环境存在不适老的问题。从住房环境来看,基础设施较为完善,但紧急呼叫/报警设施、燃气报警设施等适老化设施的配置率很低,近八成的老年人认为自己的住房存在不适老问题;从楼房环境来看,六成老年人认为楼房需要改造,对加装入口处坡道、电梯或升降设备等无障碍设施的需求很迫切;从社区环境来看,老龄服务设施配套较齐全,但某些小区的管理水平有限,老年人对社区老龄服务的知晓率和使用率都很低;老年人的社会支持以非正式支持为主,获得社区工作者帮助的比例较低。

7.1.2　老年人对居住环境的感知评价分为四个维度

7.1.2.1　编制并检验了城市老年人居住环境评价量表

为了明确老年人与居住环境匹配的维度,本研究借鉴国内外相关量表,并充分参考实地访谈资料,编制了本土化的城市老年人居住环境评价量表,量表顺利通过信度和效度检验,具有较高的一致性和可靠性。量表为里克特五点式,共由 18 个测项组成,利用因子分析得到了四个感知评价因素:住房环境评价、社区环境评价、服务环境评价和人际环境评价。

7.1.2.2　不同个体特征的老年人对各维度环境的评价存在差异

控制居住环境特征后发现,年龄较大、月收入超过 8 000 元、非空巢、在本社区居住时间短的老年人对住房环境评价较高;居住时间短的老年人对社区环境评价较高;年龄较轻、初中及以上文化程度、非空巢、居住时间短的老年人对服务环境的评价较高;月收入超过 8 000 元、女性老年人对人际环境的评价较高。

7.1.2.3　居住环境特征显著影响老年人对四个维度环境的评价

住房产权自有、住房为1990年后建成、住楼房、人均住房面积较大以及有室内卫生间时,老年人的住房环境评价较高;社区有室外活动场地、卫生服务中心以及健身设施时,老年人对社区环境的评价较高;小区有物业管理、有门卫/传达室、实现人车分流、有上门做家务服务以及没有个人照护服务等因素,能显著提升老年人的服务环境评价;得到更多朋友或邻居帮助的老年人对人际环境的评价更高。

7.1.3　居住环境显著影响老年人的生活满意度

7.1.3.1　生活满意度量表中有关居住环境的测项得分较低

本研究采用比较成熟的SWLS量表来测量老年人的生活满意度。该量表通过了区分度检验和信度检验。经计算,北京市老年人的生活满意度平均得分为22.40分,略高于其他调查中老年群体的满意度得分。在量表的五个测项中,得分最低的是“我的生活条件非常好”一项,反映老年人对居住环境的需求尚未完全被满足。

7.1.3.2　个体特征对生活满意度的影响被居住环境特征所解释

在生活满意度影响因素模型中,只纳入老年人的个体及家庭变量时,部分变量能显著影响生活满意度。具体表现为:年龄越大、与配偶的月收入超过8 000元、与子女同住以及居住时间较短的老年人,生活满意度水平较高。然而,当模型进一步纳入居住环境特征变量时,所有的个体特征都不再显著,全部被环境特征所解释。

7.1.3.3　居住环境特征影响老年人的生活满意度

在回归模型中分别纳入软、硬件环境特征后,发现有多项环境特征对生活满意度具有显著影响,同时,软件环境特征比硬件环境特征对老年人生活满意度变异的解释力更大。当同时纳入软、硬件环境特征后,发现硬件设施变量的影响已被软件变量所解释,最终只有两个软件环境因素对老年人的生活满意度具有显著影响。具体表现为:小区实行人车分流时老年人的生活满意度较高;得到的社会支持人数越多,老年人的生活满意度越高。两类社区的老年人在生活满意度得分上具有显著差异,单位社区和保障房社区的老年人生活满意度水平明显更低。

7.1.3.4　四维度感知因素对老年人的生活满意度均具有显著影响

加入感知因素后,生活满意度影响模型的解释能力很高,且四个感知因素对老年人的生活满意度均具有显著影响。比较标准系数后发现,四个因素对生活满意度的影响力从大到小依次为:服务环境评价、人际环境评价、社区环境评价和住房环境评价。可见,提升社区基础服务质量是提高北京市老年人生活满意度的关键。

7.1.3.5　实现个体能力—环境压力的平衡有助于保持较高的生活满意度

随着年龄的增加,老年人的能力逐渐降低,对环境的适应性也越来越差,如果不做出改变,个体能力与环境压力之间就会失衡,损害老年人的生活质量。为此,应尽可能地消除硬件环境的障碍,降低环境的压力,并为老年人提供他们需要的社会支持和社区服务,实现能力与压力的动态平衡,从而保证生活满意度水平不降低。

7.1.4　住房性质在生活满意度影响模型中发挥调节作用

7.1.4.1　住房地位群体间普遍存在居住条件分化现象

本研究以现住房屋的性质为标准将老年人划分为五类住房地位群体,即单位房户、商品房户、保障房户、回迁房户和私房户,通过实证研究验证了他们在社会经济地位以及居住条件方面均存在显著差异。其中,商品房户的住房及社区配套设施等硬件条件最好,社会支持和社区管理等软件条件也很好;保障房户和单位房户的居住条件较差,保障房存在住房适老化设施及社区老龄服务设施配备不足等问题，单位房老旧、社区管理与服务水平较低。

7.1.4.2 五类住房地位群体的生活满意度水平具有差异

在控制了老年人个体因素后，住房性质变量对生活满意度仍具有显著影响，单位房户和保障房户的生活满意度得分最低，这与单位社区和保障房社区的老年人生活满意度较低的结论相吻合。结合本研究的发现来看，不论是客观居住条件，还是主观的生活质量，五类群体间都具有显著的差异，五类住房地位群体之间存在着明显的居住福利不平等现象，其中，单位房户和保障房户的老年人是弱势群体。笔者根据研究结论，试绘出居住福利分层效果图（图 7－1）。

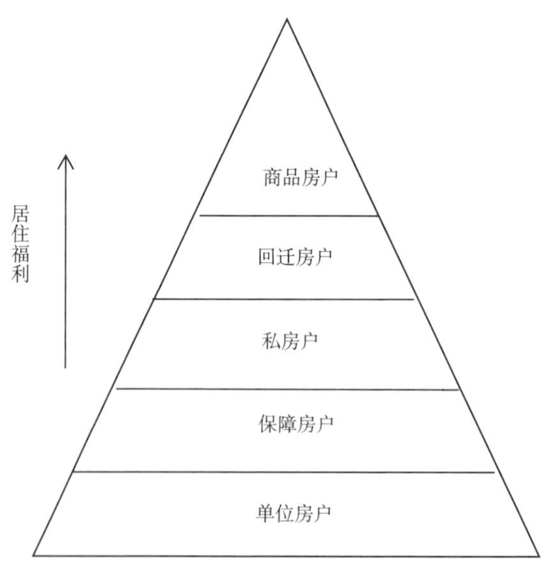

图 7－1 五类住房地位群体的居住福利分层效果图

7.1.4.3 不同住房地位群体对居住环境的需求存在差异

从生活满意度的影响因素来看，一方面，影响各群体生活满意度的环境特征变量存在差异。单位房户与保障房户的回归模型解释力最高，分别有7个和6个变量能显著影响其生活满意度;商品房户和回迁房户模型的解释能力较低,能显著影响其生活满意度的环境变量个数较少,分别为2个和1个,这再次印证了单位房户与保障房户的居住环境存在较多问题。另一方面,从感知因素来看,保障房户和私房户的生活满意度主要取决于住房环境评价,其余三个住房地位群体则与老年人总体情况一致,受到服务环境评价的影响最大。可见,不同住房地位群体之间对居住环境的需求存在着差异。

7.1.4.4 相对剥夺感是导致不同住房地位群体生活满意度差异的主要原因

各个住房地位群体间社会经济地位有别,更重要的是住房地位和由住房地位带来的居住环境资源具有显著差异。与商品房户相比,单位房户、保障房户等在住房资产、居住条件等方面均处于劣势,居住资源占有的不平等使之产生了剥夺感和失衡感,从而形成了消极的生活满意度评价。

7.1.4.5 居住环境各要素间互相补充,作为一个整体发挥作用

分群体来看,私房户比单位房户和保障房户的生活满意度水平高,可能是源于要素的补缺作用。私房户虽然住房环境差,但通过服务环境的弥补能够降低环境的压力。而单位房户和保障房户在硬件环境和软件环境方面的条件都比较差,居住环境中的障碍因素较多,造成了高压力的环境,从而对这两个地位群体的生活满意度造成不利的影响。

7.2 讨论及建议

从中国的文化传统与老年人的养老意愿来看,居家养老是老年人最主要的选择(杜鹏等,2016),良好的居住环境是老年人实现居家养老的基础保障。然而,现阶段老年人的居住环境中还存在一些不适老的突出问题,影响其生活满意度。因此,应加快推进老年宜居社区建设,消除居住环境

中的障碍因素，通过提升老年人的居住福利来提高其生活质量，让老年人共享城市发展的成果。

7.2.1 树立“以人为本”的理念，把握居住环境的整体性

要树立“以人为本”的理念。人居环境论提示我们，“以人为本”是打造宜居环境的最根本要求，其核心就是要重视人的作用和评价，要厘清什么样的环境更符合老年人的需求。应该让居住环境去适应人，而不是让人去适应环境（周典等，2006）。老年宜居社区建设的最终目标是满足包括老年群体在内的全体居民的真实需求，保障他们能够独立地、舒适地在自己熟悉的环境中变老。

另外，要正确理解居住环境是由多个要素有机结合的整体。居住环境包括住房、楼宇、社区周边的硬件设施、社区服务以及人际关系等软、硬件要素，并作为一个整体对老年人的生活质量产生影响。日本政府从2009年开始重视居住环境中软、硬件要素间的相互配合（刘晓梅等，2014）。我国在政策制定时，要特别注意居住环境各个要素之间的配合与衔接，既要满足老年人的基本居住需求，还要满足其服务型和参与型需求。

7.2.2 改善老年人居住环境的建议

具体而言，应进一步采取明确发展思路、优化政策内容、瞄准政策对象和加强基础研究四个方面来推进老年宜居社区建设，提升老年人的居住福利。

7.2.2.1 发展思路上，将提升居住福利作为积极应对人口老龄化战略的内容

（1）充分重视居住福利在社会福利中的作用

“福利”一般被理解为养老金制度、福利服务等，这些内容无疑是重要的，但随着老龄社会的到来，我们的居住环境也应当作为一种福利内容去

认识和对待，应将充满“居住福利”的社会作为一种新时代的文明来创造，从服务型福利走向环境储备型福利（早川和男，2005）。作为社会福利的内容，居住福利在稳定社会和推进人类物质和精神文明建设中发挥着重要的作用（卓苑龙，2015）。为此，应该提高全社会对居住福利重要性的认识，将居住福利相关的政策、措施纳入老年社会福利政策体系中，并将提升老年人的居住福利作为积极应对人口老龄化战略的重要内容。

（2）构建多层次住房供给体系

住房性质与居住环境质量紧密相关，构建多层次住房保障体系是提升老年人居住福利的有效手段。由于老年人的支付能力千差万别，在制定住房保障政策时要注意层次性和针对性。我国老年人的住房供给模式比较单一，居住福利设施不足，可借鉴日本的经验。日本政府为不同经济能力的老年人设立了优良租赁住宅、老年公寓、监护住宅、养老院、护理院等多种福利设施，不仅增加了住房供给，而且切实改善了老年人的居住环境（刘晓梅等，2014）。鉴于此，我国要有层次地解决老年人的居住问题，不但要支持开发中高端的老年宜居社区和养老住宅，更要注意推进保障性安居工程建设，并实行出售、租赁等多种保障手段，满足不同层次老年人的居住需求。

（3）政府发挥主导作用，建立合理的责任分担机制

根据社会福利社会化的原则，社会福利的来源应该多元化，不能完全依赖政府。老年宜居环境建设是一项跨部门的工作，既是事业，也是产业（吴玉韶，2017）。因此，政府在老年宜居环境建设的过程中，要避免大包大揽，应明确其“掌舵者”的角色定位，着重做好顶层设计，承担起制定宏观政策以及调动市场、社会、家庭积极性的职责，促使各方主体形成合力。在制定相关政策时，政府要发挥“兜底作用”，着力提升弱势群体的居住福利。

7.2.2.2　政策内容上，坚持问题导向，先“补短板”

优化政策内容，要坚持问题导向，从解决老年人最不满意的环境问题

出发。本研究发现,提高老年人对软件环境的评价对老年人生活满意度的促进作用更大,如果老年人对服务环境和人际环境不满意,将更大幅度地降低老年人的生活质量。因此,现阶段改善北京市老年人居住环境的重点是加强社区软件环境的建设。

(1)提升社区的基础服务水平

本研究发现,在四个维度的感知因素中,服务环境评价对老年人生活满意度的影响最大。需要注意的是,此处的服务是指社区的基础管理服务和便民服务,而不是社会化养老服务。在我国家庭养老的传统观念和服务业发展相对滞后的国情下,老年人对大多数养老服务的接受程度还不高,知晓率和需要的比例都很低,导致社会化服务一项未能进入评价量表。另外,十项服务的有无对老年人的生活满意度也都不具有显著影响。可见,从老年人需求的角度来看,社会化养老服务并没有对他们的生活质量产生决定性的影响。

现阶段北京市老年人最需要的,是更优质的社区基础管理服务和便民服务。从老年人居住环境评价量表来看,服务环境维度的四个题项得分较低,其中,社区组织的文体活动与社区居委会的为老服务两项得分最低,是整个居住环境中的“短板”。基于此,北京市迫切需要充实基层老龄工作队伍,发挥社会工作者等各方力量,为老年人组织各项文体活动。社区居委会应拓宽服务领域,提高服务质量,为老年人提供需要的便民服务。还要提升物业服务水平,保持环境的卫生、整洁和美观。另外,小区实现人车分流会显著提升老年人的生活满意度水平,应重点关注小区的车辆管理,保证居民的步行安全。

(2)营造和谐的人际环境

在四个维度中,人际环境评价对老年人生活满意度的影响作用位于第二位。这也印证了以往研究的结论,即健全的社会支持网络和良好的邻里关系对老年人的生活质量具有积极影响。其中,邻居和朋友的帮助对提升老年人对人际环境的评价具有显著的促进作用,为此,社区应鼓励和支持老年人开展集体活动,在活动中结交朋友,增进邻里交往,创造和谐的邻里环境。社区还应积极成立邻里互助组织,鼓励老年人结对,鼓励低龄老年人帮助高龄及空巢老年人,提高老年人的社会支持水平,从而提升其生活满意度。

(3)有重点地推进适老化改造

北京市居民住房以存量房为主,新建的增量房很少,因此,硬件环境的改善主要依靠适老化改造的方式实现。从老年人的需求来看,以下要素应作为适老化改造的重点。在住房环境方面,应优先关注老旧住房、人均住房面积较小的家庭、室内没有卫生间的家庭、租房的家庭以及平房家庭,因为居住在其中的老年人对住房环境的评价更低;住房内外设施方面,安装呼叫/报警设施、拓展储藏空间、在楼房入口处安装坡道以及安装电梯或升降设备是老年人迫切需要的改造内容,虽然这些因素在回归模型中并不显著,但在适老化改造的项目中,是老年人选择较多的几项;在社区环境方面,应采取资源整合等方法建设老年人室外活动场地和健身设施,满足老年人开展各类文体活动的需求。另外,老年人对于卫生服务中心的需求也很强烈,为此应重点建设基层卫生服务机构并提供老年人需要的健康服务。

笔者对照北京市现有的政策和措施,结合本研究的研究结论,对居住环境的各个要素提出了具体的改进建议,详见附录1。

7.2.2.3 政策对象上,分层分类地回应不同住房地位群体的需求

福利政策是为了弥补市场不足而产生的,应该偏重补缺的功能(Besharov 等,1998)。因此,居住福利政策的重点应该是保障弱势群体的居住质量。不同住房地位群体的收入和居住福利水平千差万别,在制定居住福利政策时必须坚持层次性,将政策向收入水平较低且居住条件差的群体倾斜。应利用精准的居住福利政策,提升弱势群体的居住福利水平,缩小不

同住房地位群体间享有的居住福利差异。

(1)保障政策向保障房户及私房户倾斜

保障房户及私房户具有家庭收入低、家庭成员年龄偏大、文化程度低等特征,他们在住房市场上的竞争能力较弱,依靠自己的力量改善居住条件的可能性很小。为此,政府应将居住福利政策向这两类群体倾斜。一方面,政府在家庭适老化改造时,应重点帮扶这两类群体。目前北京市正在为残疾人家庭加装扶手、沐浴椅等无障碍设施,今后可将保障范围扩大至这两类住房地位群体中经济困难且有适老化改造需求的老年人家庭。另一方面,保障性住房政策应向保障房户及私房户倾斜。在分配模式上,应继续贯彻困难优先的原则,优先经济困难的老年人家庭选房。在新建保障性住房的过程中,应严格按照相关标准和规划实施,采用通用性、潜伏性设计,还要注意在社区配建相关老龄服务设施,保证居住环境能够满足全生命周期的需要。杜绝出现新的不适老问题,为城市发展增加负担。

(2)引导老年人家庭自主改善居住环境

政府应向商品房户等经济条件较好的老年人家庭宣传适老化改造及社会养老服务的理念,通过税费优惠、贷款优惠等手段鼓励市场、企业、社会组织和家庭的充分参与。在实践中,要灵活利用福利政策激发老年人家庭的改造意愿,鼓励其主动进行适老化改造。目前老年人参与适老化改造的积极性不高,最主要原因是资金问题难以承担,需要鼓励和引导(于一凡等,2014)。

北京市已经将多项社会养老服务纳入北京通—养老助残卡的福利内容,笔者认为可将居住福利的相关措施纳入其中。借助养老助残卡这一良好平台,将家庭适老化改造、安装紧急呼叫设备、乘坐电梯或升降设备以及辅具租赁等项目列入服务清单,对老年人实行刷卡优惠消费或者费用减免。这样既能引导越来越多的老年人家庭主动提高居住福利,又能解决养老助残卡中的资金使用率低的问题,提高财政资金的使用效率。

(3)加强保障房和私房的住房改造

不同住房地位群体对居住环境的需求具有差异性,要分类制定政策。研究发现,保障房户和私房户的生活满意度受住房环境质量影响最大,因此,政府应着重对这两类住房进行适老化改造。对比目前北京市的政策目标,主要针对的是中心城区直管公房和棚户区的改造,已经涵盖了大部分私房和单位房,而很少关注广大保障房家庭。实际上,保障房在居住密度、建筑质量等方面均存在突出问题,应该引起政府和全社会更多的关注。

此外,其他三类住房地位群体的生活满意度主要受服务环境评价的影响,因此在老年宜居社区建设的过程中,应提升这些住房所在社区的基础服务质量,并完善老龄服务设施的管理水平。

7.2.2.4　研究方面,加强基础研究,为老年宜居环境建设提供科学支撑

(1)通过主观评价研究把握老年人的需求

要建设老年宜居的居住环境,就必须在研究中注意分析老年人的评价及感受(桂世勋等,2010),而老年人对居住环境的满意程度是反映其居家养老生活质量的重要指标(张卫东,2002),要通过老年人对居住环境的主观评价研究来准确把握老年人的需求特点。我国幅员辽阔,各地区经济社会发展水平差异巨大,老年人的行为习惯和对环境的偏好各不相同,要因地制宜地开展主观评价研究。一方面,积极开发老年人居住环境评价量表,摸清老年人对各维度环境需求的优先顺序,为细化相关政策提供依据;另一方面,对于已开展适老化改造或者老年宜居环境建设的地区,要完善评估机制,及时查找建设过程中的问题,以便进一步改进政策,提高政策对象的满意度。

(2)将理论研究作为老年宜居环境建设的依据

老年宜居环境建设是一项探索性的事业,有许多基础性、理论性的问

题需要研究(吴玉韶,2017)。在我国,建筑学、规划学等学科介入环境的研究较早,主要致力于为老年人设计适老化的服务设施。近年来,社会学、老年学等学科也开始关注老年宜居环境研究。社会科学研究的切入点与自然科学学科不同,应着重加强理论研究,深化对于老年人与居住环境之间关系的认识。住宅社会学、环境心理学、老龄生态学等研究正在逐渐兴起,这些学科从人与环境交互作用的视角开展理论研究,具有很好的启示意义。未来,要继续推进理论研究,并积极地向政府相关部门宣传、普及基本理论,促使其尽快应用于我国老年宜居环境建设和管理工作的实践中。

(3)学习其他国家和地区的发展经验

日本、新加坡等国家和地区从20世纪起,不断完善居住福利相关的各项政策,并为弱势老年人提供住房保障。这些亚洲国家和地区与我国的文化背景相似,且都有着悠久的家庭养老历史,可以从他们的政策中汲取有益经验。例如,日本在解决居家养老老年人的居住问题中注重软、硬件的配合,政府通过财政制度等手段鼓励家庭自主提高住房无障碍设施的普及率;新加坡在社区中为空巢老年人建造无障碍化水平较高的乐龄公寓,提高其独立生活的能力,并增加其归属感。未来,研究者应在充分了解相关发展经验的基础上,结合我国的实际情况,不断完善本土化的老年人居住福利政策,提高老年宜居环境的建设效率。

第 8 章

创新点、研究局限和未来研究展望

8.1 研究创新

8.1.1 提出了居住环境对老年人生活满意度的影响因素分析框架

本研究基于我国的住房制度和社会文化背景,深入分析了城市居住环境与老年人生活满意度之间的关系,拓展了老年人生活质量的研究视域,进一步完善了老年人生活满意度研究的理论模型。

8.1.2 创制了本土化的城市老年人居住环境评价量表

老年人居住环境评价量表基于老年人的需求,立足住房和社区层面,将物质要素和社会要素整合起来。本研究通过因子分析法厘清了四个维度环境的感知因素。该量表不仅为老年宜居社区的评估以及居住环境主观研究提供工具支持,而且促进了人与环境匹配理论在我国城市老年群体中的应用研究。

8.1.3 验证了住房性质在居住环境对老年人生活满意度影响中的调节作用

通过实证研究，验证了北京市老年群体中存在着住房地位群体，进一步研究发现各个住房地位群体的居住条件、生活满意度水平以及对居住环境的需求均存在差异，居住福利在老年群体中存在着分化现象，丰富了社会分层理论的研究内容。

8.1.4 确定了北京市老年宜居社区建设的优先顺序，并提出了分层分类建设的具体建议

本研究提出将居住福利融入老年社会福利政策体系内，并从老年人需求的角度出发，明确了北京市老年宜居社区建设的优先领域。另外，还基于不同住房地位群体对居住环境的需求差异，提出了分层分类制定居住福利政策的具体建议，为政府制定相关政策提供参考。

8.2 研究局限

8.2.1 样本量问题

本研究利用北京市的专项调查数据对城市老年人的居住环境现状及评价进行探索研究。不足的是由于时间和经费等方面的限制，调查的区域主要集中在北京市的中心城区（城六区），有效问卷样本量 1 978 份。根据五类住房性质分组后，个别组的样本量有限，在一定程度上限制了研究结论的普遍性。据此反映五类住房地位群体的居住条件和需求特点还显得不够充分，需要后期更大样本的实证研究来进一步验证。

8.2.2　居住环境指标有待补充和完善

笔者在编制调查问卷时，尽可能地试图穷尽居住环境相关指标。通过文献法、定性访谈法和专家座谈法等，设计了住房、楼宇、小区及社区环境等多方面的指标，既包含了老龄服务设施，又纳入了社区管理、社区服务以及社会支持等。但由于在老年人生活满意度的相关研究中，涉及居住环境的文献较少，本研究在设计问卷时仍有可能遗漏一些相关指标，期望在后续研究中予以改进。

8.3　未来的研究方向

8.3.1　更大范围、更大规模的实证研究

本研究只是基于北京市主城区的探索性研究，并没有涵盖郊区。实际上，为了掌握一个城市的老年人居住环境的整体情况，应当开展更大规模的调查，将调查范围延伸至所有的社区，以期全面了解整个城市老年人居住环境的情况以及老年人的需求。

8.3.2　居住环境特征指标需要进一步完善

本研究注意收集实地访谈资料，并充分借鉴国内外居住环境相关研究成果，以此为依据编制了"北京市老年人居住环境调查"问卷，但问卷的测量指标还有改进的空间。由于实地调研的是北京市以及东部较发达城市，问卷中的居住环境指标是否适合我国所有城市，尤其是中西部欠发达城市，需要在未来的研究中进一步验证。

8.3.3　开展纵向研究，准确把握因果关系

由于时间所限，本研究只进行了一次调查。未来应再次进行调查，考

察老年人的个体特征和居住环境特征的变化情况。可以利用面板数据深入分析老年人与居住环境交互作用的变化过程及其对生活满意度的影响，以便更加科学地把握居住环境与老年人生活满意度之间的因果关系。

参考文献

[1]艾尔·巴比. 社会研究方法(第10版)[M]. 邱泽奇,译. 北京:华夏出版社,2005.

[2]保罗·贝尔,等. 环境心理学(第5版)[M]. 朱建军,吴建平,等译. 北京:中国人民大学出版社,2009.

[3]保罗·福塞尔. 格调[M]. 北京:中国社会科学出版社,1998.

[4]柴彦威,等. 中国城市老年人的活动空间[M]. 北京:科学出版社,2010.

[5]党俊武,周燕珉. 中国老年宜居环境发展报告(2015)[M]. 北京:社会科学文献出版社,2016.

[6]风笑天. 社会学研究方法[M]. 北京:中国人民大学出版社,2001.

[7]郭志刚. 社会统计分析方法——SPSS 软件应用[M]. 北京:中国人民大学出版社,1999.

[8]李斌. 分化的住房政策:一项对住房改革的评估性研究[M]. 北京:社会科学文献出版社,2009.

[9]李健宁. 结构方程模型导论[M]. 合肥:安徽大学出版社,2004.

[10]李强. 当代中国社会分层:测量与分析[M]. 北京:北京师范大学出版

社,2010.

[11]李晟,姚成杰,屈丹峰. 贫富差距扩大中的中国住房问题[M]. 北京:企业管理出版社,2014.

[12]梁宏. 社会分层视野下大城市老年人口的生存状态——以广州市为例[M]. 广州:中山大学出版社,2010.

[13]罗伯特·F. 德维利斯. 量表编制:理论与应用(第2版)[M]. 魏勇刚,等译. 重庆:重庆出版社,2010.

[14]秦晓晴. 外语教学研究中的定量数据分析[M]. 武汉:华中科技大学出版社,2003.

[15]孙鹃娟. 中国老年人生活质量研究[M]. 北京:知识产权出版社,2007.

[16]王江萍. 老年人居住外环境规划与设计[M]. 北京:中国电力出版社,2009.

[17]吴良镛. 人居环境科学导论[M]. 北京:中国建筑工业出版社,2001.

[18]吴明隆. 结构方程模型——AMOS的操作与应用[M]. 重庆:重庆大学出版社,2010.

[19]徐磊青,杨公侠. 环境心理学——环境、知觉和行为[M]. 上海:同济大学出版社,2002.

[20]杨继绳. 中国当代社会各阶层分析[M]. 兰州:甘肃人民出版社,2006.

[21]阳翼. 中国独生代消费行为研究[M]. 广州:暨南大学出版社,2008.

[22]姚远. 非正式支持的理论与实践[M]. 北京:知识产权出版社,2005.

[23]姚时章,王江萍. 城市居住外环境[M]. 重庆:重庆大学出版社,2000.

[24]早川和男. 居住福利论[M]. 李桓译. 北京:中国建筑工业出版社,2005.

[25]郑日昌. 心理测量与测验[M]. 北京:中国人民大学出版社,2008.

[26]陈炳志．城市老年人居住环境研究[D]．天津:天津大学,2005.

[27]陈薇．武汉市女性老年人生活质量的实证研究[D]．武汉:华中师范大学,2005.

[28]洪美霞．人与环境匹配对职业生涯成功影响的实证研究[D]．广州:广东商学院,2012.

[29]贾林斌．中学生社会适应量表的编制及其初步应用[D]．济南:山东大学,2008.

[30]李小云．面向原居安老的城市老年友好社区规划策略研究[D]．广州:华南理工大学,2012.

[31]刘杰．日本弱势群体的居住福利政策及其对中国的启示[D]．大连:东北财经大学,2013.

[32]刘倩．老年社区及其居住环境研究[D]．武汉:华中科技大学,2007.

[33]庞海蓉．老人的社区环境满意度与社区归属感的关系研究[D]．成都:四川师范大学,2009.

[34]汪志娟．农村住房地位群体的形塑机制及其对社区人际关系的再造——以一个皖南村落为分析个案[D]．金华:浙江师范大学,2013.

[35]王方兵．城市居家养老老年人居住环境需求研究——以上海为例[D]．上海:华东师范大学,2015.

[36]徐悦．人—组织匹配对员工创新行为影响机制研究——以自我效能感为中介变量[D]．无锡:江南大学,2014.

[37]张德林．老年人社交网络、社会支持与主观幸福感的关系研究[D]．上海:上海师范大学,2015.

[38]张金芳．中国住房不平等问题研究——基于调查数据[D]．大连:东北财经大学,2013.

[39]卓苑龙．生活福利视角下居住福利环境建设研究[D]．沈阳:沈阳师范大学,2015.

[40]戴维·格伦斯基. 社会不平等的过去、现在和将来:社会分层(第二版)[M]. 王俊,等译. 北京:华夏出版社,2005.

[41]白岩岩,王裕明,蔡玫珠. 上海市老年人居家养老服务满意度及影响因素[J]. 南京人口管理干部学院学报,2013(4):16-21.

[42]边燕杰,刘勇利. 社会分层、住房产权与居住质量——对中国"五普"数据的分析[J]. 社会学研究,2005(3):82-96.

[43]陈东,张郁杨. 不同养老模式对我国农村老年群体幸福感的影响分析——基于CHARLS基线数据的实证检验[J]. 农业技术经济,2015(4):78-89.

[44]陈玲娜,汪红明,王毓敖. 浙江省4个地区60岁以上老人生活满意度的调查[J]. 中国组织工程研究与临床康复,2007(17):3219-3221.

[45]陈莹,丛程楠. 宅基地征收补偿及农民居住福利变化研究——以威海老集村为例[J]. 中国房地产,2015(30):40-49.

[46]程利娜. 社会支持、自我效能感对丧偶老年人主观幸福感的影响[J]. 公共卫生与预防医学,2013,24(1):48-51.

[47]成梅. 以生命历程范式浅析老年群体中的不平等现象[J]. 人口研究,2004(3):44-51.

[48]崔丽娟,李红. 城市老年人社会支持网络与生活满意度的研究[J]. 心理科学,1997(2):123-126.

[49]丁志宏,姜向群. 城市老人住房状况及其满意度研究——以北京市海淀区为例[J]. 北京社会科学,2014(1):51-59.

[50]杜鹏,董亭月. 促进健康老龄化:理念变革与政策创新——对世界卫生组织《关于老龄化与健康的全球报告》的解读[J]. 老龄科学研究,2015(12):3-10.

[51]杜鹏,孙鹃娟,张文娟,等. 中国老年人的养老需求及家庭和社会养老资源现状——基于2014年中国老年社会追踪调查的分析[J]. 人口研

究,2016(6):49－60.

[52]冯晓黎,李兆良,高燕,等. 经济收入及婚姻家庭对老年人生活满意度影响[J]. 中国公共卫生,2005(12):1426－1427.

[53]高辉,谢诗晴. 杭州市老年人居住满意度及影响因素的实证研究——基于既有社区居家养老服务和设施发展视角[J]. 经营与管理,2015(12):147－149.

[54]高敏,李延宇,王静茹. 老年人生活满意度的影响因素与提升路径分析——基于中国老年人口健康状况调查数据的研究[J]. 老龄科学研究,2015(11):53－60.

[55]顾大男. 老年人年龄界定和重新界定的思考[J]. 中国人口科学,2000(3):42－51.

[56]关博. 居家养老政策的福利定位思考——以居家养老(助残)券政策为例[J]. 人口研究,2011(6):108－112.

[57]桂世勋,徐永德,楼玮群,等. 长者友善社区建设:一项来自上海的经验研究[J]. 人口学刊,2010(4):23－29.

[58]何铨,张实,王萍."老年宜居社区"建设过程中社区管理对老年人幸福感的影响——以杭州市的调查为例[J]. 西北人口,2015(4):1－6.

[59]胡宏伟,高敏,王剑雄. 老年人主观幸福感的影响因素与提升路径分析——基于对我国城乡老年人生活状况的调查[J]. 江苏大学学报(社会科学版),2013(4):48－53.

[60]胡军生,肖健,白素英. 农村老年人主观幸福感研究[J]. 中国老年学杂志,2006(3):314－317.

[61]纪竞垚. 老年人住房满意度及影响因素分析——以北京市为例[J]. 人口与社会,2016(4):52－60.

[62]姜勤,高健. 天津市社区老人休闲生活的现状及其影响因素研究[J]. 社会工作,2014(5):131－139.

[63]蒋志学,赵艳霞,刘丽．城市老年人生活质量分析[J]．西北人口,2003(1):28－30.

[64]金俭．中国住宅私有化进程及其社会影响[J]．南京大学学报(哲学·人文科学·社会科学),2004(3):107－112.

[65]金岭．老年人生活满意度的影响因素及其比较分析[J]．人口与经济,2011(2):85－91.

[66]李斌．中国住房改革制度的分割性[J]．社会学研究,2002(2):80－87.

[67]李斌．分化与特色:中国老年人的居住安排[J]．中国人口科学,2010(2):101－110.

[68]李珰,胡荣,叶丽师,等．福州地区老年人生活满意度及相关因素研究[J]．护理研究,2009(8):2061－2063.

[69]李德明,陈天勇,吴振云．中国老年人的生活满意度及其影响因素[J]．中国心理卫生杂志,2008(7):543－549.

[70]李德明,陈天勇,李贵芸．北京市老年人生活满意度及其影响因素分析[J]．中国临床心理学杂志,2006(1):58－60.

[71]李嘉菲,李雪铭．城市宜居性居民满意度评价——以大连市为例[J]．云南地理环境研究,2008(4):77－82.

[72]李凌江,郝伟,杨德森,等．社区人群生活质量研究——生活质量问卷(QOLI)的编制[J]．中国心理卫生杂志,1995(5):227－231.

[73]李路路．论社会分层研究[J]．社会学研究,1999(1):101－108.

[74]李强．试析社会分层的十种标准[J]．学海,2006(4):40－46.

[75]李强．转型时期城市“住房地位群体”[J]．江苏社会科学,2009(4):42－52.

[76]李珊,杨忠振．城市老年宜居社区的内涵和评价体系研究[J]．西北人口,2012(2):17－21.

[77]李喜梅. 从社会分层看住房差异——对湖北省"五普"资料的分析[J]. 社会,2003(7):9-11.

[78]李宗华,高功敬,李伟峰. 基于 Logistic 模型的城市老年人社区参与影响因素分析——以济南市老年人社区参与为例[J]. 学习与实践,2010(11):101-110.

[79]梁传志,李超. 北京市老旧小区综合改造主要做法与思考[J]. 建设科技,2016(9):20-23.

[80]林婧怡,周燕珉. 我国老年建筑标准的发展现状与问题[J]. 新建筑,2017(1):55-58.

[81]林南,卢汉龙. 社会指标与生活质量的结构模型探讨——关于上海城市居民生活的一项研究[J]. 中国社会科学,1989(4):75-97.

[82]林婷,黄俊山,姜小鹰. 社区老年人生活质量及其社区护理需求调查分析[J]. 护理学杂志,2006(18):4-7.

[83]刘吉. 我国老年人生活满意度及其影响因素研究——基于 2011 年"中国健康与养老追踪调查"(CHARLS)全国基线数据的分析[J]. 老龄科学研究,2015(1):69-78.

[84]刘晶. 城市社区生活不能自理老人居家养老生活质量评估指标体系探索[J]. 人口学刊,2005(1):22-27.

[85]刘精明,李路路. 阶层化:居住空间、生活方式、社会交往与阶层认同——我国城镇社会阶层化问题的实证研究[J]. 社会学研究,2005(3):51-82.

[86]刘晓梅,西萌,刘杰. 日本城市弱势群体居住福利政策分析[J]. 长春大学学报,2014(11):1483-1486.

[87]刘勇. 上海旧住区居民满意度调查及影响因素分析[J]. 城市规划学刊,2010(3):98-103.

[88]陆伟,林文洁. 我国城市老年人居住环境现状与问题初探[J]. 大连

理工大学学报(社会科学版),1999(4):36 -41.

[89]罗楚亮. 城镇住房分配体制改革及其分配效应[J]. 财经研究,2013(2):134 -143.

[90]骆为祥,李建新. 老年人生活满意度年龄差异研究[J]. 人口研究,2011(6):51 -61.

[91]罗萍,殷燕敏,张学军,等. 国内生活质量指标体系研究现状评析[J]. 武汉大学学报(人文科学版),2000(5):645 -649.

[92]毛富强,李振涛,侯洁,等. 中国老年人生活满意度影响因素分析[J]. 天津医科大学学报,2000(4):413 -416.

[93]孟琛,孟家眉,Mary Luszcz. 北京市老年人自评幸福度状况及影响因素的分析[J]. 老年医学与保健杂志,1996(2):84.

[94]秘舒. 从城市社区看社会分层与社会不平等——对天津市两个商品房社区的比较研究[J]. 城市问题,2008(6):64 -68.

[95]施祖辉. 台湾的生活质量指标研究[J]. 统计与预测,1995(6):14 -17.

[96]宋佳萌,范会勇. 社会支持与主观幸福感关系的元分析[J]. 心理科学进展,2013(8):1357 -1370.

[97]孙静琴. 住宅的社会分层镜像[J]. 经济师,2009(5):20 -21.

[98]孙奎立,刘庚常,刘一志. 老年人生活满意度影响因素研究[J]. 西北人口,2010(5):116 -119.

[99]陶国枢,刘晓玲,陈丰,等. 北京市老年人生活质量相关因素分析[J]. 中国老年学杂志,1997(4):197.

[100]陶立群. 中国老年人住房与环境状况分析[J]. 人口与经济,2004(2):39 -44.

[101]田北海,钟涨宝,徐燕. 福利院老人生活满意度及其影响因素的实证研究——基于湖北省的调查[J]. 学习与实践,2010(3):108 -112.

[102]汪向东,王希林,马弘．心理卫生评定量表手册(增订版)[J]．中国心理卫生杂志,1993(增刊).

[103]王枫,王茜,庄红平,等．老年人主观幸福感及其影响因素分析[J]．医学与社会,2010(12):9 -12.

[104]王海军,杭结城,贾秀敏,等．农村老年人生活质量构成指标关系的探讨[J]．中国老年学,1995(2):69 -71.

[105]王培刚．当前我国住房福利政策的问题与政府角色定位探讨[J]．重庆社会科学,2007(8):108 -112.

[106]王树新．中国老年人口经济与居住生活质量[J]．人口与经济,1996(2):30 -36.

[107]王威,陈云．欧洲生活质量指标体系及其评价[J]．江苏社会科学,2002(1):182 -186.

[108]王小燕,林婷,陈玲玲．不同家庭结构对福州市农村老年人生活质量的影响[J]．中国护理管理,2014(4):365 -368.

[109]王祖山,周明月,梁世夫．民生视域下保障性居住的居住福利探析[J]．现代经济探讨,2016(6):40 -44.

[110]王祖山,张志军．保障性住房非产权化的选择、困境与多元化道路——基于居住福利的视角[J]．现代经济探讨,2012(2):7 -11.

[111]卫生部北京老年医学研究所流行病学研究室．老年人生活质量调查内容及评价标准建议(草案)[J]．中华老年医学,1996(5):320.

[112]邬沧萍．提高对老年人生活质量的科学认识[J]．人口研究,2002(5):1 -5.

[113]吴缚龙．中国城市社区的类型及其特质[J]．城市问题,1992(5):24 -27.

[114]吴慧敏,吴永发．我国居住分异现象演化过程及影响机制分析[J]．华中建筑,2010(3):161 -163.

[115]吴玉韶. 补齐老年宜居环境建设短板 提高老年人生活生命质量[J]. 中国社会工作,2017(3):22.

[116]吴玉韶. 推进老年宜居环境建设,加强老年宜居环境研究[J]. 中国社会工作,2014(12):8-9.

[117]谢立黎. 中国城市老年人社区志愿服务参与现状与影响因素研究[J]. 人口与发展,2017(1):55-64.

[118]谢祥龙,段慧,谷传华. 老年人依恋对生活满意度的影响:孤独感的中介作用[J]. 心理科学,2014(6):1421-1425.

[119]邢占军,王宪昭,焦丽萍,等. 几种常用自陈主观幸福感量表在我国城市居民中的试用报告[J]. 中国健康心理学杂志,2002(5):325-326.

[120]徐慧兰. 老年人生活满意度及其影响因素研究[J]. 中国心理卫生杂志,1994(4): 160-162.

[121]徐红,肖静,庄勋,等. 南通市老年人生活质量及其影响因素[J]. 中国老年学杂志,2012(32):1450-1452.

[122]徐瑞祥,蔡龙,张侠,等. 南京市区人居环境质量评价研究[J]. 现代城市研究,2003(2):77-80.

[123]许英康,王军. 中国城镇家庭居住状况与住房分层:2000~2010[J]. 中央社会主义学院学报,2014(6):91-96.

[124]颜秉秋,高晓路. 城市老年人居家养老满意度的影响因子与社区差异[J]. 地理研究,2013(7):1269-1279.

[125]杨文西. 老年宜居型城市环境探析[J]. 城市问题,2009(8): 45-48.

[126]杨彦春,何慕陶,朱昌明,等. 老人幸福度与社会心理因素的调查研究[J]. 中国心理卫生杂志,1988(1):9-12.

[127]杨中新. 构建有中国特色的老年人生活质量体系[J]. 深圳大学学报(人文社会科学版),2002(1):60-66.

[128]姚春生,何耐灵,沈琪．老年大学学员主观幸福感及有关因素分析[J]．中国心理卫生杂志,1995(6):256-257.

[129]易成栋,丁志宏,黄友琴．中国城市老年人居住环境的动态变化及空间差异——基于中国城乡老年人口追踪调查数据的分析[J]．城市发展研究,2016(12):134-140.

[130]应斌．美国细分模型对我国老年市场界定及营销的启示[J]．江汉大学学报(社会科学版),2003(4):80-84.

[131]余桂珍,曾琨,陈慧．社区老年人生活质量调查[J]．中华护理杂志,2005(9):711-713.

[132]余杰,Mark W Rosenberg,程杨．北京市老年人居家养老满意度与机构养老意愿研究[J]．地理科学进展,2015(12):1577-1585.

[133]于晓琳,陈有国,曲孝原,等．影响老年人主观幸福感的相关因素[J]．中国心理卫生杂志,2016(6):427-434.

[134]于一凡,李继军．保障性住房的双重边缘化陷阱[J]．城市规划学刊,2013(6):107-111.

[135]于一凡,陈金平．上海既有住宅区适老化改造意愿和需求分析[J]．上海城市规划,2014(5):98-101.

[136]于一凡,贾淑颖．居家养老条件下的居住空间基础研究——以上海为例[J]．上海城市规划,2015(2):96-100.

[137]苑雅玲,孙鹃娟．城市老年人生活质量现状与政策思考——以北京市城区为例[J]．老龄科学研究,2015(4):42-50.

[138]曾毅,顾大男．老年人生活质量研究的国际动态[J]．中国人口科学,2002(5):59-69.

[139]湛东升,孟斌,张文忠．北京市居民居住满意度感知与行为意向研究[J]．地理研究,2014(2):336-348.

[140]张纯,柴彦威．北京市城市老年人社区满意度研究——基于模糊评

价法的分析[J]. 人文地理,2013(4):47 - 147.

[141]张纯,柴彦威,李昌霞. 北京城市老年人的日常活动路径及其时空特征[J]. 地域研究与开发,2007(4):116 - 119.

[142]张磊,张楠. 人车分流背景下对居住区道路人车混行的思考[J]. 中外建筑,2009(7):53 - 55.

[143]赵华硕,许爱琴,金英良,等. 徐州市农村空巢老人生存质量调查[J]. 中国老年学,2009(8):1006 - 1008.

[144]赵晔琴. 吸纳与排斥:城市居住资格的获得路径与机制[J]. 学海,2013(3):85 - 93.

[145]郑晨. 阶层归属意识及其成因分析:中国广州市居民的一项调查[J]. 浙江学刊,2001(3):45 - 47.

[146]郑延平,杨德森. 生活事件、精神紧张与神经症[J]. 中国神经精神疾病杂志,1983(2):65.

[147]周典,周若祁. 构筑老龄化社会的居住环境体系[J]. 建筑学报,2006(10):10 - 12.

[148]周俊山,尹银. 住房对城市老年人生活满意度的影响[J]. 中国老年学杂志,2013(16):3949 - 3952.

[149]周燕珉,刘佳燕. 居住区户外环境的适老化设计[J]. 建筑学报,2013(3):60 - 64.

[150]张景秋,刘欢,齐英茜,等. 北京城市老年人居住环境及生活满意度分析[J]. 地理科学进展,2015(12):1628 - 1636.

[151]张卫东. 社区老年人的生活质量与心理健康:SEM 研究[J]. 心理科学,2002(3):307 - 309.

[152]张卫东. 都市老年人居住环境心理初探[J]. 心理科学,2005(3):681 - 682.

[153]张文忠."宜居北京"评价的实证研究[J]. 北京规划建设,2007(1):

25 - 30.

[154]祝国英,李立明等. 社区老年人生活满意度研究[J]. 中国慢性病预防与控制,1996(5):230 - 231.

[155]朱庆芳. 小康社会体系及2000年目标的综合评价[J]. 中国社会科学,1992(1):106.

[156]訾非,杨智辉,张帆,等. 中国10城市环境满意度和生活满意度调查报告[J]. 北京林业大学学报(社会科学版),2012(4):1 - 7.

[157]周燕珉. 老年人对室内物理环境的需求[N]. 中国房地产报,2013 - 08 - 05(B04).

[158]世界卫生组织(WHO). 全球老年友好城市建设指南[DB/OL]. [2007]. http://www.who.int/ageing/age_friendly_cities_guide/zh/.

[159]世界卫生组织(WHO). 关于老龄化与健康的全球报告[DB/OL]. [2016]. http://www.who.int/ageing/publications/world - report - 2015/zh/.

[160]2016年《第一财经周刊》版中国338个地级以上城市分级榜[EB/OL]. [2016 - 05 - 06]. http://www.chinacity.org.cn/csph/csph/299460.html.

[161]北京市2014年老年人口信息和老龄事业发展状况报告[EB/OL]. [2015 - 11 - 26]. http://zhengwu.beijing.gov.cn/tjxx/tjgb/t1412150.htm.

[162]上海市老龄工作委员会办公室. 上海市民政局关于推进老年宜居社区建设试点的指导意见[EB/OL]. [2015 - 06 - 10]. http://www.shmzj.gov.cn/gb/shmzj/node4/node179/n2486/n2491/n2493/u1ai40239.html.

[163]北京2020年老年人口达400万　影响城市竞争力[EB/OL]. [2015-11-26]. http://business.sohu.com/20151126/n428531274.shtml.

[164]积极开展应对人口老龄化行动　改善老年人生活环境　提升老年人生活质量——解读《关于推进老年宜居环境建设的指导意见》[EB/OL]. [2016 - 10 - 13]. http://www.cncaprc.gov.cn/contents/12/177187.html.

[165]2016 年市政府重点工作情况汇编之改善居住环境篇[EB/OL]. [2017-01-15]. http://zhengwu.beijing.gov.cn/zwzt/hb/nr/t1465240.htm.

[166]北京推出居家养老"养十条"围绕百姓需求让养老服务接地气[EB/OL]. [2016-06-08]. http://www.bjageing.gov.cn/sdyl/main_ll/xxfb/detailBulletin.do? method = detailBulletin&id = 1861&websitId = 8008&netTypeId = 2.

[167]北京市老旧小区 2017 年破解"三大难"[EB/OL]. [2016-12-09]. http://beijing.qianlong.com/2016/1209/1195123.shtml.

[168]北京市拟扩大老旧小区改造范[EB/OL]. [2016-09-29]. http://www.bj.xinhuanet.com/bjyw/2016-09/29/c_1119645411.htm.

[169]北京市"一刻钟"社区服务建设标准[EB/OL]. [2017-07-12]. https://wenku.baidu.com/view/f9621a0103d8ce2f006623eb.html.

[170]北京市 2016 年"敬老月"活动基本情况[EB/OL]. [2016-10-10]. http://yanglao.china.com.cn/2016-10/10/content_39454641.htm.

[171]北京市拟扩大老旧小区改造范围[EB/OL]. [2016-09-29]. http://www.bj.xinhuanet.com/bjyw/2016-09/29/c_1119645411.htm.

[172]北京市居家养老服务条例[EB/OL]. [2015-05-25]. http://zhengwu.beijing.gov.cn/fggz/bjdffg/t1381760.htm.

[173]Cambell. The Quality of American Life: Perceptions Evaluations and Satisfaction[M]. Russell Sage Foundation, 1976.

[174]Connidis I A. Family Ties and Aging[M]. Toronto, Canada: Butterworths, 1989.

[175]Golant S M. A place to Grow Old: The Meaning of Environment in Old Age[M]. New York: Columbia University Press, 1984.

[176]Kart C S, Kinney J M. The Realities of Aging: An Introduction to Gerontology (6th Ed.) [M]. Needham Heights, MA: Allyn & Bacon, 2001.

[177] Kozma A, Stones M J, Mc Neil J K. Psychological Well – being in Later Life[M]. Toronto: Butterworths, 1991.

[178] Lewin K. Field Theory in Social Science: Selected Theoretical Papers [M]. United States: Harper & Brothers, 1951.

[179] Logan John R, David Moloch. Urban Fortunes: Political Economy of Place [M]. Berkeley. CA: University of California Press, 1987.

[180] Nunnally J C. Psychometric Theory (Second Edition) [M]. New York: McGrawHill, 1978.

[181] Rex J, Moor R. Race, Community and Conflict[M]. Oxford University Press, 1967.

[182] Besharov D, Ehrle J, Gardiner K. Social Welfare's twin dilemmas: Universalism vs. Targeting and Support vs. Dependency[C]. Second International Social Security Association Research Conference on Social Security. Jerusalem, Israel: ISSA, 1998.

[183] Golant S M. The influence of the experienced residential environment on old people's life satisfaction[C]. The annual meeting of the Gerontological Society of America, 1984b.

[184] Malhotra Y, Galletta D. Extending the techonology acceptance model to account for social influence: Theoreticl Bases and empirical validation [C]. Proceedings of the Hawaii International Conference on System Sciences, 1999.

[185] Siu O L, Wong K C. Living environment, self – image, and self – esteem among older persons in different housing types in Hong Kong[C]. XVIIth World Congress of Gerontology held in Vancouver, 2001.

[186] Cvitkovich Y. Subjective dimensions of person – environment (P – E) fit among older adults: Examining anomalies in valuation of life[D]. Vancouver: Simon

Fraser University,1999.

[187]Loo W M. Living environment and residential satisfaction of older persons in Hong Kong: A comparative study between Sha Tin New Town and Wan Chai Old Urban Area[D]. Hong Kong: Lingnan University, 2000.

[188]Bond J. Living arrangements of elderly people[M]//J Bond, P Coleman, S Peace. Ageing in society: An introduction to social gerontology. London, UK: Sage,1993.

[189]Carp F M, Carp A. A complimentary/congruence model of well – being or mental health for the community elderly[M]// I Altman M,P Lawton, J Wohlwill. Human behaviour and the environment: The elderly and the physical environment. New York: Plenum,1984.

[190]Kahana E. Matching environments to needs of the aged: A conceptual scheme [M] // J Gubrium. Late life: Communities and environmental policy. Springfield,IL: Charles C Thomas,1974.

[191]Kahana E, Kahana B. Environmental continuity futurity and adaptation of the aged[M]//G D Rowles, R J Ohta. Aging and milieu: Environmental perspectives on growing old. San Diego: Academic Press, 1983.

[192] Kahana E. A congruence model of person – environment interaction [M]//M P Lawton,P Windley,T O Byerts. Aging and the environment: Theoretical approaches. New York: Springer,1982.

[193]Kahana E, Kahana B. Conceptual and empirical advances in understanding aging well through proactive adaptation[M]//V Bengtson. Adulthood and aging: Research on continuities and discontinuities. New York: Springer,1996.

[194]Lawton M P. Competence, environmental press, and the adaptation of older people[M]//M P Lawton, P G Windley, T O Byerts. Aging and the

environment: Theoretical approaches. New York: Springer, 1982.

[195] Lawton M P, Nahemow L. Ecology and the aging process[M]// C Eisdorfer, M P Lawton, Psychology of adult development and aging. Washington D. C American psychological association, Inc, 1973.

[196] Parmelee P A. Theory and research on housing for the elderly: The legacy of Kurt Lewin[M]// R J Scheidt, P G Windley. Environment and aging theory: A focus on housing. Westport, CT: Greenwood, 1998.

[197] Stokols D, Shumaker S. People in places: a transactional view of settings [M]//Harvey J H. Cognition Social Behaviour and the Environment. Hillsdale. NJ: L. Erlbaum, 1981.

[198] Zhou Min, Qian Zhenchao. Social Support and Self – Reported Quality of Life: China's Oldest Old[M]// Zeng Yi, Dudley Posten, Denese A Vlosky, et al. Healthy Longevity in China: Demographic, Socioeconomic and Psychological Dimensions. Springer, 2008.

[199] Amerigo M, Aragones J I. A theoretical and methodological approach to the study of residential satisfaction[J]. Journal of Environmental Psychology, 1997(17): 47 – 57.

[200] Bruin M J, Cook C C. Understanding constraints and residential satisfaction among low – income single – parent families[J]. Environment and Behavior. 1997(29):532 – 553.

[201] Cable D M, DeRue D S. The convergent and discriminant validity of subjective fit perceptions[J]. Journal of Applied Psychology, 2002(87):885 – 893.

[202] Caplan R D. Person – environment fit theory and organizations: Commensurate dimensions, time perspectives and mechanisms[J]. Journal of Vocational Behavior, 1987(31): 248 – 267.

[203] Churchill,G A Jr. A Paradigm for developing better measures of marketing constructs [J] . Journal of Marketing Research, 1979, 16 (1): 64 – 73.

[204] C Ku, M Koo. What determines the life satisfaction of the elderly? Comparative study of residential care home and community in Japan[J]. Geriatrics and Gerontology International,2003,3(2):79 – 85.

[205] Cronbach L J, Meehl P E. Construct validity in psychological tests[J]. Psychological Bulletin,1955(52):281 – 302.

[206] Cullen F T. Social support as an organizing concept for criminology: Presidential address to the academy of criminal justice sciences[J]. Justice Quarterly,1994(11): 527 – 559.

[207] Cummins R A. The Domains of Life Satisfaction: An Attempt to Order Chaos[J]. Social Indicators Research,1996(3):303 – 328.

[208] Cvitkovich Y, Wister A. Comparison of four person – environment fit models applied to older adults[J]. Journal of Housing for the Elderly, 2001(14):1 – 25.

[209] Cvitkovich Y, Wister A. The importance of transportation and prioritization of environmental needs to sustain well – being among older adults[J]. Environment and Behavior, 2001b(33):809 – 827.

[210] Diener E, Emmons R A, Larsen R J, et al. The Satisfaction with Life Scale[J]. Journal of Personality Assessment,1985 (49):71 – 75.

[211] Grundstrom A C, Guse C E, Layde P M. Risk factors for falls and fall – related injuries in adults 85 years of age and older[J]. Arch erontol Geriatr,2012(3):421 – 428.

[212] Hamovitch M B, Peterson J E. Housing needs and satisfactions of the elderly[J]. The Gerontologist, 1969(9): 30 – 33.

[213]Iwarsson S, Wahl H W, Nygren C, et al. Importance of the home environment for healthy aging: conceptual and methodological background of the European ENABLE - AGE project[J]. The Gerontologist, 2007(1): 78-84.

[214]Jirovec R, Jirovec M, Bosse R. Residential satisfaction as a function of micro and macro environmental conditions among urban elderly men[J]. Research on Aging,1985(7): 607-616.

[215]Kahana E,Lovegreen L,Kahana B,et al. Person, Environment, and Person-Environment Fit as Influences on Residential Satisfaction of Elders[J]. Environment and Behavior, 2003(3): 434-453.

[216]Kahana E, Liang J, Felton B. Alternative models of person-environment fit: Prediction of morale in three homes for the aged[J]. Journal of Gerontology, 1980(35): 584-595.

[217]Karlsson M K, Magnusson H, von Schewelov T, et al. Prevention of falls in the elderly - a review[J]. Osteoporos Int, 2013(3):747 - 62.

[218]Klein H A. Home satisfaction: Related health and psychological variables[J]. Journal of Applied Gerontology, 1993(12): 439-451.

[219]Lawton M P. Housing the elderly: Residential quality and residential satisfaction among the elderly[J]. Research on Aging, 1980(2):309-328.

[220]Lawton M P. Environment and other determinants of well being in older people[J]. The Gerontologist,1983(23):349-357.

[221]Lawton M P, Nahemow L. Social areas and the well being of tenants in housing for the elderly[J]. Multivariate Behavioral Research, 1979(14):463-484.

[222]Lee W K, Kong K A, Park H. Effect of preexisting musculoskeletal diseases on the 1-year incidence of fall-related injuries[J]. Journal of

preventive medicine and public Health, 2012,45(5):283 - 90.

[223]Li S M, Z Yi. The road to homeownership under market transition – Beijing,1980 –2001[J]. Urban Affairs Review, 2007(42):342 –368.

[224]L Rioux, C Werner. Residential satisfaction among aging people living in place[J]. Journal of environmental psychology,2011(31):158 –169.

[225]L Rioux. The well –being of aging people living in their own homes[J]. Journal of Environmental Psychology, 2005(25): 231 - 243.

[226]Mcandrew F T. The Measurement of Rootedness and the Rediction of Attachment to Home – town in College Students[J]. Journal of Environmental Psychology, 1998(18): 409 –417.

[227]Nunnally J C. Psychometric Theory:25 Years ago and Now[J]. Educational Researcher, 1975(10):7 –14.

[228]Oswald F, Jopp D, Rott C, et al. Is aging in place a resource for or risk to life satisfaction[J]. The Gerontologist, 2010(2): 238 –250.

[229]William Pavot, Ed Diener. Review of the satisfaction with life scale [J]. Psychological Assessment, 1993(2) : 164 –172.

[230]Peter Somerville. Explanations of a Social Exclusion: Where Does Housing Fit in? [J]. Housing Studies, 1998(6):761 –780.

[231]Phillips D R, Siu O L, Yeh A G O,et al. Factors influencing older persons' residential satisfaction in big and densely populated cities in Asia: a case study in Hong Kong[J]. Ageing International, 2004(29): 46 - 70.

[232]Phillips D R, Siu O L, Yeh A G O, et al. The impacts of dwelling conditions on older persons' psychological well – being in Hong Kong: the mediating role of residential satisfaction[J]. Social Science & Medicine, 2005(60): 2785 - 2797.

[233]Phillips D R,Kevin H C Cheng, Anthony G O, et al. Person - Environment

(P – E) Fit Models and Psychological Well – Being Among Older Persons in Hong Kong[J]. Environment and Behavior, 2010(2):221 –242.

[234]Reed Jones R J, Solis G R, Lawson K A, et al. Vision and falls: a multidisciplinary review of the contributions of visual impairment to falls among older adults[J]. Maturitas, 2013(1):22 –28.

[235]Rojo Perez F, Fernandez Mayoralas G, Pozo Rivera, et al. Ageing in place: Predictors of the residential satisfaction of elderly[J]. Social Indicators Research, 2001(2):173 –208.

[236]Windley P G, Scheidt R J. Housing satisfaction among rural small – town elderly: A predictive model[J]. Journal of Housing for the Elderly, 1983(1):57 –68.

[237]WHO. Social determinants of health: The solid facts[DB/OL]. [2000]. World Health Organization Regional Office for Europe. http://www. who. dk/.

[238]AARP Public Policy Institute. Livable Communities:An Evaluation Guide [DB/OL]. [2005]. http://www. aarp. org/livable – communities/Plan/assessments/info – 12 – 2012/aarp – livable – communities – evaluation – guide. html.

[239]Public Health Agency of Canada . Age – Friendly Communities Evaluation Guide: Using Indicators to Measure Progress[DB/OL]. [2015]. http://www. phac – aspc. gc. ca/seniors – aines/alt – formats/pdf/indicators – indicateurs – v2 – eng. pdf.

附录1 改善北京市老年人居住环境的具体建议

表 改善北京市老年人居住环境的具体建议

政府对象范围	改造内容	本研究发现	改进建议
五类老旧小区			
1	增加停车位	人车分流对北京市老年人生活满意度有正向影响	注意加强车辆管理
2	建设文化体育设施	有室外活动场地及健身设施会提升北京市老年人的社区环境评价，还会增加单位房户的生活满意度	全市应加快建设老年人活动场地和健身设施，尤其加强单位房所在社区的建设工作
3	物业服务	物业管理会提升北京市老年人的服务环境评价	逐步实现全覆盖
4	完善安防系统、补建警卫室	设置门卫/传达室对北京市老年人的服务环境评价有积极作用，但不同群体效果不一	提高门卫/传达室的普及率，对保障房、私房所在小区要注意提升安保服务质量
5	对简易楼、无加固价值或加固难度大的纳入棚户区改造，采取“拆、改、整、留”并举	房屋越新（1990年后），楼房、人均住房面积越大，有室内卫生间对北京市老年人的住房评价越具有提升作用	重点关注老旧房屋、平房、居住拥挤及无室内卫生间的老年人家庭，改造难度大的优先配给安置房
6	直管公房改造	单位房户的居住条件最差，保障房户和私房户也较差	除了直管公房外，还应加强对保障房和私房的改造力度
7	抗震节能综合改造、上下水改造、架空线入地、修补道路、完善照明、绿化补建、地下室改造、补建信报箱	—	—

续表

政府对象范围	改造内容	本研究发现	改进建议
8	加装电梯	北京市老年人对楼房改造最需要的项目	为有条件的多层楼房安装电梯或升降设备
9	小区无障碍设施改造	北京市老年人对楼房改造最需要的项目	为有条件的楼房进行坡道改造
全体居民			
10	新建保障性住房	保障房户的居住福利较低	严格按标准建设住房内外无障碍设施、养老服务设施,并注意小区车辆等方面的管理
全体老年人			
11	预计有日间照料的社区养老驿站2020年实现全覆盖	有个人照护服务降低了北京市老年人服务环境评价,设置老年人日间照料中心对单位房户的生活满意度有正向影响	重点发展个人照护服务,优先在单位房所在社区建设日间照料中心
12	社区服务中心依托"96156"社区服务热线,为居家老年人提供电话咨询和上门服务	社区服务中心能提升两个群体的生活满意度	加快私房、回迁房所在社区的社区服务中心建设
13	保证社区卫生服务机构药品配备,为出行不便的老年人提供上门医疗、护理、送药等服务,为老年人开展健康宣教、健康管理等服务	建设社区卫生服务中心对北京市老年人的社区环境评价具有积极影响,但对保障房户的生活满意度具有负面影响	尽快普及社区卫生服务中心,注意提升保障房所在社区此项设施的为老服务水平
14	依托"敬老月"活动,开展敬老文化宣传,调动全社会参与敬老、爱老、孝老行动	社会支持网络大小对北京市老年人的生活满意度有正向影响	加强老年人的社会交往、邻里互助

续表

政府对象范围	改造内容	本研究发现	改进建议
困难老年人			
15 经济困难、失能、计划生育特殊困难等老年人家庭	室内通行、助浴、如厕等适老化改造	经济困难的老年人对住房、服务及社区环境的评价更低	继续帮扶经济困难老年人进行适老化改造并提供需要的服务
16 部分独居老年人家庭	安装紧急医疗救援呼叫器和烟感报警器等紧急救援服务设施	安装紧急呼叫/报警设备是北京市老年人最需要的家庭适老化改造项目	保障与优惠并举，逐步覆盖全部有此需求的老年人家庭

附录 2　调查问卷

城市老年人居住环境调查问卷

尊敬的老人家,您好!

我们正在进行有关老年人居住环境的学术调查。希望通过了解您的居住环境,分析研究我国老年人居住环境的现状和存在的问题,为政府改善老年人居住环境提供决策依据。我们将对您填写的资料严格保密。

非常感谢您接受我们的调查,您的回答对于我们的研究工作和政府完善相关政策都具有重要价值,谢谢您的支持! 祝您健康长寿、万事如意!

中国老龄科学研究中心
2016 年 9 月

填写说明:
1. 本问卷的调查对象是 55 周岁及以上的人群。
2. 选择题:请在相应的选项题号上画"√";没有"多选题"标志的一律为单选题,只能选择一个选项。
3. 填空题:请在横线上填写答案;若选项中没有符合的内容,请选"其他"项,并填写答案。

调查地点:

北京市__________区__________街道/乡镇______________居/委会

家庭住址:____

调查员签名:____________;调查员电话:________________________;

调查日期:____月____日

被访者签名:____________;被访者电话:______________

A. 基本信息

A1. 被访老年人性别： □男 □女

A2. 您是哪一年出生的？（请回答公历年）[1 ⑨□□]年[□□]月

A3. 您的文化程度是：□不识字 □私塾/扫盲班 □小学 □初中 □高中/中专 □大专及以上

A4. 您的婚姻状况是：□已婚有配偶 □丧偶 □离婚 □未婚

A5. 您健在子女数量是：□儿子____人；□儿媳____人；□女儿____人；□女婿____人

A6. 现在您家（与您同吃同住）有哪些人？【调查员：按照与被访老年人的关系选择，并写明人数】

□自己单独居住 □配偶 □（岳）父母 ____人 □儿子 ____人 □儿媳 ____ 人 □女儿 ____人 □女婿 ____人 □（外、重）孙子女____人 □保姆 ____人 □其他 ____ 人

A7. 您目前的身体健康状况是怎样的？

□很健康 □比较健康 □一般 □比较不健康 □很不健康

A8. 您的日常生活需要别人帮助吗？

□不需要别人帮助 □需要一些帮助 □完全做不了

A9. 您目前的工作状况是：□在职 □离、退休后未工作 □离、退休后有偿 □从未工作

A10. 上个月，您（和老伴）的月收入共多少钱？

□1 000 元以下 □1 000 ~ 1 999 元 □2 000 ~ 2 999 元 □3 000 ~ 3 999元 □4 000 ~ 4 999 元 □5 000 ~ 7 999 元 □8 000 ~ 11 999 元 □12 000元以上

A11. 您最主要的生活来源是：

□自己的离/退休金/养老金 □自己劳动或工作所得 □配偶的收

入 □以前的积蓄 □子女的资助 □其他亲属的资助 □政府/社会组织补贴/资助 □房屋/土地等租赁收入 □其他____

A12. 您在这个社区里居住了多少年? ____年?

A13. 您是本市户口吗? □是 □否

A14. 您每天日常活动的范围及时间分布是?

□在社区外活动____小时 □在社区范围内活动____小时 □在家里____小时

A15. 近一年来,您自己或您家发生了哪些重大事件?(多选题)

□退休/离开工作岗位 □配偶/家庭成员亡故 □亲友亡故

□亲人生病 □子女失业 □子女离异 □纠纷/官司 □都没有

B. 住房环境

B1. 您住的这套房子建筑面积有多少平方米? ________平方米

B2. 这套房子的产权属于:

□自己或老伴 □子女 □孙子女 □租公房 □租私房 □借住 □其他________

B3. 这套房子是什么时候建的?

□1949 年以前 □50~60 年代 □70~80 年代 □90 年代 □2000 年以后

B4. 这套房子属于:

□商品房 □房改房 □公租房/廉租房 □经济适用房/两限房/自住型商品房 □回迁房/安置房 □私房 □公管房 □其他________

B5. 您(与老伴)是否拥有单独的卧室? □有 □没有

B6. 您家住房内有卫生间吗? □有 □没有

B7. 您家现在有下列设施吗?(多选题,请逐一询问)

□卫生间扶手 □坐便器 □紧急呼叫/报警设施 □燃气报警设施

B8. 您现在的住房存在下列哪些情况？（多选题，请逐一询问）

□没有呼叫/报警设施 □室内光线昏暗 □地面滑 □没有扶手

□门槛绊脚/地面高低不平 □户门/房间门较窄 □室内过道较窄 □窗户开启不便 □厕所/浴室不好用 □管道/线路有问题 □储藏空间不足 □其他（请说明）________ □都很好，没问题

B9. 您会担心因居住条件或设施差而引起的下列哪些安全问题？（多选题，请逐一询问）

□突发疾病无法告知别人 □在家中滑倒或绊倒 □入室盗窃等财务安全问题 □家电、燃气等设备使用出现意外 □其他（请说明）____ □都很好，没问题

C. 楼宇环境

C1. 您居住的住房类型属于下列哪一种？ □板式楼房 □高层塔楼 □平房（跳问 D1）

C2. 您现在居住的楼房共________层？ 您住在第________层？

C3. 您现在所住的这栋楼房是否有以下设备？（多选题，请逐一询问）

□电梯 □照明灯 □入口处的坡道/轮椅通道 □入口处的扶手 □门禁 □信报箱 □都没有

C4.（有电梯的用户回答）您所住楼房的电梯是否可以容纳担架？

□是 □否

C5. 您认为这栋楼房有哪些需要改造的地方？（多选题，请逐一询问）

□安装电梯或升降设备 □改造现有电梯 □在入口处设置坡道/轮椅通道 □在入口处安装扶手 □改造照明设施 □安装门禁 □都很好，没问题

D. 社区及周边环境

D1. 本社区的类型是？（多选题，请逐一询问）

□老城区或历史保护街区（胡同、平房）　□普通商品房小区　□保障性住房社区　□“城中村”或棚户区　□单位社区　□别墅区或高级住宅区

D2. 本社区及周边有没有专门的休息设施？　□有　□没有

D3. 本小区的管理模式是怎样的？

□没有管理　□物业公司管理　□单位管理　□房管局管理　□其他（请说明）________

D4. 本小区有没有门卫或者传达室？　□有　□没有

D5. 本小区内的道路是否实行了人车分流？　□是　□否

D6. 您所在的社区或附近是否有以下场所或者设施？（多选题，请逐一询问）

□广场/室外活动场地　□健身设施　□社区卫生服务中心/站　□社区服务中心/站　□老年活动中心　□老年人日间照料中心/托老所　□室外休息座椅　□公共卫生间

D7. 您所在的社区有以下老龄服务吗？

服务项目	是否有
1. 个人照护（如保姆）	1. 是　2. 没有　3. 不知道
2. 助餐服务（送餐/老年餐桌）	1. 是　2. 没有　3. 不知道
3. 上门做家务	1. 是　2. 没有　3. 不知道
4. 助浴服务	1. 是　2. 没有　3. 不知道
5. 日间照料（社区）	1. 是　2. 没有　3. 不知道
6. 短期托养（社区或邻居）	1. 是　2. 没有　3. 不知道
7. 上门探访	1. 是　2. 没有　3. 不知道
8. 康复护理（治疗）	1. 是　2. 没有　3. 不知道
9. 健康指导（健康课）	1. 是　2. 没有　3. 不知道
10. 聊天解闷/心理咨询	1. 是　2. 没有　3. 不知道

E. 人际环境

E1. （有配偶的老年人）您跟老伴的关系好吗？

1. 好　　2. 一般　　3. 不好

E2. （有子女的老年人）子女定期来看望您或跟您联系吗？

1. 是　　2. 否

E3. 请回答下列问题：

项目	没有	1个	2个	3~4个	5~8个	9个及以上
1. 当您需要时，有几个家人/亲戚可以给您帮助？	0	1	2	3	5	9
2. 当您需要时，有几个附近的朋友可以给您帮助？	0	1	2	3	5	9
3. 当您需要时，有几个邻居可以给您帮助？	0	1	2	3	5	9
4. 当您需要时，有几个社区工作人员可以给您帮助？	0	1	2	3	5	9

F. 居住环境评价

F1. 我们想了解您对居住环境以下方面的满意度评价，请打分（1~5分），不了解请在题目处画“×”。

项目	满意度评价 1:非常不满意，5:非常满意				
1. 房屋通风采光	1	2	3	4	5
2. 房屋隔音	1	2	3	4	5
3. 房屋面积	1	2	3	4	5
4. 房屋户型结构	1	2	3	4	5
5. 家用设施的安全性	1	2	3	4	5

续表

项目	满意度评价 1:非常不满意,5:非常满意				
6. 社区绿化	1	2	3	4	5
7. 社区卫生	1	2	3	4	5
8. 社区治安	1	2	3	4	5
9. 物业服务	1	2	3	4	5
10. 社区道路	1	2	3	4	5
11. 社区户外照明	1	2	3	4	5

F2. 我们想了解您对为老服务及设施的满意度评价,请打分(1～5分),不了解请在题目处画"×"。

项目	满意度评价 1:非常不满意,5:非常满意				
1. 附近医疗卫生设施	1	2	3	4	5
2. 文体活动场地/设施	1	2	3	4	5
3. 社区休息设施	1	2	3	4	5
4. 社区无障碍设施(人行道尽头的坡道、无障碍厕位等)	1	2	3	4	5
5. 社区居委会的为老服务	1	2	3	4	5
6. 社区组织的文体活动	1	2	3	4	5
7. 社区养老服务(参照D7)	1	2	3	4	5

F3. 我们想了解您对以下人际关系的满意度评价,请打分(1～5分),不了解请在题目处画"×"。

项目	满意度评价 1:非常不满意, 5:非常满意				
1. 遇到困难时家人的帮助	1	2	3	4	5
2. 遇到困难时附近朋友的帮助	1	2	3	4	5
3. 遇到困难时邻居的帮助	1	2	3	4	5
4. 与家人的沟通、交流	1	2	3	4	5
5. 与附近朋友的交流	1	2	3	4	5
6. 与邻居的交流	1	2	3	4	5
7. 邻居的素质	1	2	3	4	5

F4. 请细心阅读以下各项,并以 1 ~7 分表示您对该项目的同意程度。

项目	1 = 非常不同意,7 = 非常同意						
1. 在很多方面,我现在的生活跟理想很接近	1	2	3	4	5	6	7
2. 我的生活条件非常好	1	2	3	4	5	6	7
3. 我对自己的生活感到满意	1	2	3	4	5	6	7
4. 到目前为止,我已经得到了我生命里重要的东西	1	2	3	4	5	6	7
5. 如果能再活一次,几乎没有什么东西是我想改变的	1	2	3	4	5	6	7

调查到此结束,谢谢您的支持与配合!

附录3　访谈提纲

城市老年人居住环境研究访谈提纲

一、基本情况

1. 您多大岁数？以前做什么工作？受教育程度？身体怎么样？有没有退休金？

2. 您现在和谁住？婚姻状况如何？（有配偶的老人回答）老伴的情况怎么样（年龄、健康状况、是否退休）？

3. 家庭收入和开支情况。

4. 您办理了北京通—养老助残卡吗？主要用途是什么？

二、居住环境需求

1. 楼房还是平房，楼房几层，有无电梯？

2. 住房的性质？如何获得这套房子的？您在这里住了多少年？

3. 屋里有无室内厕所、有无洗澡设施？

4. 您觉得自己现在住的这套房屋如何？存在哪些问题？您是如何应对的？

5.（楼房住户回答）您觉得这栋楼房环境如何？存在哪些问题？您是如何应对的？

6. 从设施、服务等方面谈谈您对本社区环境的看法，尤其是社区环境存在哪些不适合老年人生活的问题？

7. 您对自己的生活满意吗？为什么？

后　记

本书是在我的博士论文基础上修改完成的。本书的完成首先要感谢我的导师杜鹏教授。2005 年 9 月,我有幸跟随杜鹏教授进入老年学研究领域学习。硕士及博士近八年的求学生涯中,杜教授在做学问以及做人方面都给予我悉心的指导。导师严谨的治学态度和宽容豁达的处事风格一直深深地感染着我,是我一生享用不尽的宝贵财富。在今后的学术道路上,我将牢记恩师的教诲,刻苦研究,努力进取。

我要特别感谢我就职单位的领导,中国老龄科学研究中心的王深远主任、党俊武副主任和刘芳副主任,一直大力支持我在职攻读博士学位。感谢我的老领导,全国老龄办吴玉韶副主任以及曹健巡视员对本书实地调研工作的鼎力相助。感谢同事辛涛、欧阳铮、伍小兰和魏彦彦在理论和方法方面对我的指点。

中国人民大学社会与人口学院的每一位老师都曾给予我无私的帮助和鼓励,在此一并感谢。在此我要特别感谢姜向群教授、陈卫教授、杨菊华教授、孙鹃娟教授、巫锡炜副教授、张文娟副教授和唐丹副教授。他们在我博士论文写作过程中提出了宝贵的改进意见。

感谢北京大学陆杰华教授在答辩时对论文提出的批评和建议。

感谢我的同门林宝师兄、李兵师兄、丁志宏师兄、贾云竹师姐、王菲以及张航空对论文的指导。王永梅、王记文、谢立黎、彭青云、王雪辉、刘妮娜、王硕、聂真真、曹杨、纪竞垚、姬飞霞和董亭月等同学在我博士求学期间和论文写作过程中发挥了重要的作用,在此一并致以深深的谢意。

借此机会,我要衷心感谢我的家人,是他们的无私付出、鼓励和支持,敦促我顺利完成学业,也才有今天这本著作的诞生。仅以此书献给我的外婆邵象贤、父亲曲凡宝和母亲刘华英,感谢他们对我含辛茹苦的培养。

最后,本书的顺利出版得到了中国人口出版社何军老师的大力支持和热心帮助,特此表示感谢!

由于本人水平有限,书中欠缺之处在所难免,恳请各位专家、同行批评指正。